世界の有名な賞とノーベル賞

経済学

ジョン・ベイツ・クラーク賞

ノーベル経済学賞

平和・人権運動

国連人権賞
ライト・ライブリフッド賞
思想の自由のためのサハロフ賞

ノーベル平和賞

ノーベル賞以外にもこんなにいろいろな賞があるんだね!!

芸術

デミー賞*（映画）
ミー賞*（音楽）
（演劇・ミュージカル）

＊アメリカ合衆国の賞

ノーベル文学賞

スポーツ

オリンピックメダル
パラリンピックメダル

文学

ノイシュタット国際文学賞
フランツ・カフカ賞

イグノーベル賞

ノーベル賞のパロディとして、「人々を笑わせ、そして考えさせる研究」をテーマにつくられた賞。風変わりな研究をしたり、社会的事件を起こしたりした10の個人・団体に贈られる。

バルザン賞

自然科学分野と人文科学分野で2賞ずつ、すぐれた業績をあげた人に授与される（ときに芸術、平和・人権活動も）。ノーベル賞に匹敵するほどの、多額の賞金が贈られる。

ウルフ賞

すぐれた業績をあげた科学者・芸術家に贈られる賞。ウルフ賞受賞者がノーベル賞を受賞することも多い。

- 数学
- 物理学
- 農業
- 化学
- 芸術
- 医学

【監修】　国立科学博物館　若林文高
どこから読んでも面白い
こども
ノーベル賞
新聞
文化や社会もわかっちゃう
科学にわくわく！
世界文化社

どこから読んでも面白い こどもノーベル賞新聞 もくじ

ノーベル賞を知ろう!

年に一度の大イベント!! ……4
まんが ノーベル賞のはじまり物語 アルフレッド・ノーベル……6
これがノーベル賞6つの部門だ!! ……8
ノーベル賞はどうやって選ばれる!? ……10

1900年代〜1930年代

何でもお見通し!? X線の発見 レントゲン……12
放射線の研究で3人が共同受賞 ベクレルとキュリー夫妻……14
消化生理の研究 パブロフ……16
まんが 赤十字をつくった男 デュナン……18
平和賞ができたのはベルタ・フォン・ズットナーのおかげ!? ……19
細菌どもを打ち倒せ!! コッホ／ベーリング……20
私たちの体を守る免疫の研究 メチニコフ／エールリヒ……22
放射線の研究から原子のしくみをつきとめた!! ラザフォード……24
もっと速く もっと遠くへ!! 通信技術の歴史 マルコーニ……26
ノーベル賞って2回もらえるの!? マリー・キュリー……28
アジア人初のノーベル賞!! タゴール……30
野口英世受賞できず……／第一次世界大戦……32
波と粒子いったいどっち!? プランク……34
ザ☆天才 アインシュタインのすごいところ……36
量子論はオレに任せろ!! ボーア……38
インスリンの発見 バンティングとマクラウド……40
心電図の発明 アイントホーフェン……41
いま量子論がアツい!! ……42
鈴木梅太郎 ビタミン発見 けれどノーベル賞もらえず……44
人間の血液型発見 ラントシュタイナー／染色体の研究 モーガン……46
まんが 受けつがれる魂 ジョリオ＝キュリー夫妻……48
ファシズムが台頭／ファシズムと闘ったノーベル賞受賞者たち……50
ヒトラーに平和賞!?／第二次世界大戦はじまる……52

1940年代〜1960年代

広島 長崎 原子爆弾投下／マンハッタン計画と科学者たち……54
感染症対策は抗生物質の時代へ!!／ウイルスにも負けないゾ……56
日本人初のノーベル賞!! 湯川秀樹……58
まんが アフリカでの医療にささげた人生 シュヴァイツァー……60
新しい顕微鏡をつくる ゼルニケ／ルスカ……62
世界の文学をリードした フォークナー／ヘミングウェイ……64
まんが トランジスタ発明物語 ショックレーとバーディーンとブラッテン……66
アルベール・カミュがかっこいい〜!! ……68
死んでもノーベル賞もらえるの!? ハマーショルド……70
DNAは二重らせんだった!! ワトソンとクリック／サンガー……72
核兵器から人類を救え ポーリング……74
ノーベル文学賞いらない!? サルトルまさかの辞退!! ……76
平等な世界を!! マーティン・ルーサー・キング・ジュニア……78
量子力学＋相対性理論 夢のコラボ実現 朝永振一郎……80
羽織袴で授賞式 世界中がうっとり…… 川端康成……82

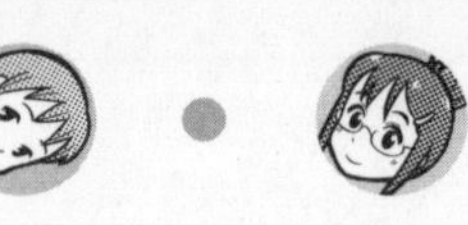

衝撃 何なの?? この世界 ベケット …… 84
究極の素粒子クォークの理論 ゲルマン …… 85

1970年代～1990年代

まんが ノーベル賞に新部門登場!! …… 86
経済学の宝石箱や～!! サミュエルソン …… 87
ノーベル賞を受賞するための5カ条とは!? 江崎玲於奈 …… 88
佐藤栄作のノーベル平和賞につながる日本の戦後 …… 90
「今のソ連はおかしいぞ!!」反体制運動 サハロフ …… 92
まんが 無償の愛で世界を救う マザー・テレサ …… 94
体が輪切りに!? ハウンズフィールドとコーマック …… 96
化学反応のしくみを説明 福井謙一 …… 98
小説の魔術師 ガルシア＝マルケス …… 100
必殺武器で病気を倒せ!! 利根川進 …… 102
チベット心の支え ダライ・ラマ14世 …… 104
まんが ビルマに民主主義を! アウン・サン・スー・チー …… 106
南アフリカはみんなの国だ!! マンデラ …… 108
大江健三郎の小説に世界中が感動 …… 110
「ゲーム理論」に新発見!! ナッシュ …… 112
世界から貧しさをなくそう!! セン …… 113
オゾン層破壊の研究 クルッツェンとモリーナとローランド …… 114
すべての人に医療を!! 国境なき医師団 …… 115
ノーベル賞をもらえなかった天才たち …… 116
授賞式出席シミュレーション …… 118

2000年代～2010年代

集積回路(IC)の発明 キルビー …… 120
プラスチックの大革命 白川英樹 …… 122
まんが 化学で自由自在にものづくりを!! 野依良治 …… 124
カミオカンデでニュートリノを検出!! 小柴昌俊 …… 126
「サラリーマン技術者」田中耕一 …… 128
素粒子物理学の予言者 南部陽一郎 …… 130
「CP対称性の破れ」から素粒子の謎を解いた!! 小林誠と益川敏英 …… 132
光るクラゲのひみつを解きあかしたっ!! 下村脩 …… 134
私たちの生きる21世紀の世界 マータイ／オバマ／欧州連合／ユスフザイ …… 136
合体!! クロスカップリング 鈴木章と根岸英一とヘック …… 138
命を支える!! 最先端の研究 ガードンと山中伸弥 …… 140
青色発光ダイオードのおかげなんです!! 赤﨑勇と天野浩と中村修二 …… 142
「幽霊粒子」ニュートリノの質量は!? 梶田隆章 …… 144
大村智さんのワン!! ダフルな生活に密着 …… 146

さあ、ノーベル賞をねらおう!!

これがウワサのノーベル賞への道だ!? …… 148
ノーベル賞 キミはどの賞!? 性格診断 …… 150
みなさんお待ちかね クイズの時間だよ!! …… 152
ノーベル賞受賞者一覧 …… 154
さくいん …… 174

みんなは、「ノーベル賞」って、何だか知っているかな？

たとえば、みんなも運動会で「一等賞」をもらったり、絵やお習字で「金賞」「銀賞」「銅賞」をもらったりすることがあるよね。「ノーベル賞」もそういう「賞」で、世界一有名な賞のひとつなんだ。年に一度発表されて、そのたびに大きな話題になるよ。

大きな発見・発明をしたり、すばらしい詩や小説を書いたり、平和のために活動したりした人に、ノーベル賞は授与される。研究や活動をがんばる人の、大きなはげみにもなっている。さあ、君も、ノーベル賞をめざしてみないかいっ!?

今日のことば

「人類に対してもっとも貢献したと思われる人に賞を与えてほしい」

（アルフレッド・ノーベルの言葉。彼のこの思いから、ノーベル賞が生まれたんだよ）

ノーベルしょうちゃん

「ノーベルしょうちゃん登場！」 作画／絶牙

おどろき!! 特ダネ

誰にでもチャンスはある!?

ノーベル賞を受賞しているのは、世の中を変えるような大きな発見をしたり、活動をしたりした人たち。でも、みんなこどものころから勉強がすごくできたかというと……じつはそういう人ばかりでもない。勉強より遊びが好きだった人も多いし、ちょっと変わり者タイプもいる。誰でもチャンスはあるぞ！

こんなにすごい人たちが受賞している!!

マリー・キュリー

1903年度 物理学賞／1911年度 化学賞

目に見えない放射線を研究し、「放射能」という言葉をつくって、科学を発展させた。

➡ 14・28ページ

アルベルト・アインシュタイン

1921年度 物理学賞

光とは何か、宇宙の法則はどうなっているのかを解き明かした大天才。

➡ 36ページ

湯川 秀樹

1949年度 物理学賞

小さな世界のしくみを見抜き、日本人初の受賞。みんなが湯川さんに憧れた。

➡ 58ページ

マザー・テレサ

1979年度 平和賞

貧しい人たちも教育や医療を受けられるように、自分の一生をささげて活動した。

➡ 94ページ

山中 伸弥

2012年度 生理学・医学賞

人間の体のいろいろな部分をつくることができる「iPS細胞」を開発。医学に大革命！

➡ 140ページ

はみだしクイズ 「ノーベル賞」の名前の由来は？ ①人の名前 ②町の名前 ③国の名前

こどもノーベル賞新聞 スペシャル企画

アルフレッド・ノーベル
スウェーデンの化学者・発明家。ダイナマイトを発明した。
【1833～1896】

今日のことば

「科学技術の進歩はつねに危険と背中合わせだ。それを乗り越えてはじめて人類の未来に貢献できるのだ」
（ノーベルの言葉）

しかし1888年――

旦那さま新聞です

こうしてノーベルは
自分の遺産で
賞をつくるように遺言し
1896年に亡くなりました

彼の死後
親族たちの反対もありましたが
ノーベルの助手だったソールマンが
何年も苦労して準備をし
「ノーベル財団」が
設立されます

そして
ノーベル賞が
生まれるのです

ALF: NOBEL
NAT. MDCCCXXXIII OB. MDCCCXCVI

ソールマン

悲しみのノーベル

ノーベルは、強い爆発力をもつが爆発をコントロールできないニトログリセリンという液体物質を知り、これを思いどおりに爆発させる装置を発明した。

でも、この爆薬はあつかいが難しく、1864年にはノーベルの工場が爆発した。この事故で、ノーベルは弟さんを亡くしてしまった。ノーベルは悲しんで、安全な爆薬をつくろうと誓い、ダイナマイトを発明したんだよ。

賞金はどこから?

ノーベル賞の賞金は現在、ひとつの部門につき、およそ1億円。賞がつくられた当初から、「すごい!」と話題になっていた。

ノーベルには商売の才能もあり、ヨーロッパでも指折りの大金持ちだった。彼の死後、非常にたくさんのお金がノーベル財団に任された。財団はそのお金をうまく増やし、増えた分をノーベル賞の賞金として使っている。

はみだしクイズ ノーベル賞の授賞式は、ノーベルの何の日? ①誕生日 ②ダイナマイト発明記念日 ③命日

こどもノーベル賞新聞

スペシャル企画

ノーベル賞のしくみ

今日のことば

「人生は気高いもの。自然から授かったこの宝石を人は磨く」

（ノーベルの言葉。誰でもすてきな人生を送れる、それを大事にしましょうという意味だ）

これがノーベル賞6つの部門だ!!

アルフレッド・ノーベルの遺言からつくられたノーベル賞。その中には、いくつもの部門があるよ。君に合うのはどれかな？

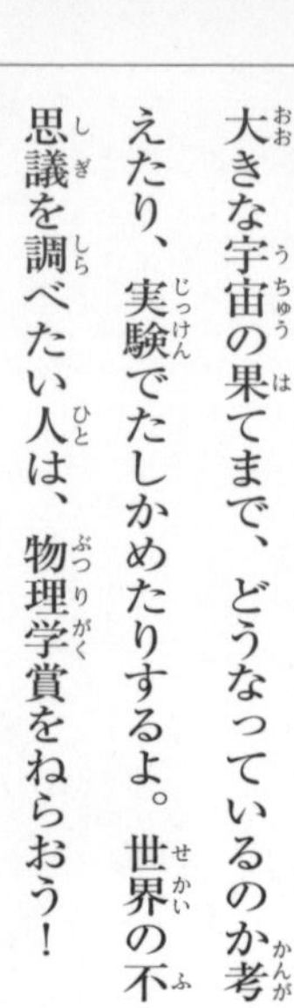

物理学賞

物理学とは、自然のしくみを解き明かすための研究だ。顕微鏡でも見えない小さな世界から、大きな宇宙の果てまで、どうなっているのか考えたり、実験でたしかめたりするよ。世界の不思議を調べたい人は、物理学賞をねらおう！

化学賞

いろいろな物質がどのような性質をもっているか、組み合わせるとどういう反応が起こるかなどを、実験したり考えたりして調べるのが化学だ。

これまで世の中になかったものをつくれたら、ノーベル化学賞をもらえるかもしれないよ！

生理学・医学賞

体のしくみがどうなっているかを研究するのが生理学。病気やケガを治したり、病気にならない方法を見つけたりするのが医学だ。難しい病気を治す薬を発明できれば、たくさんの人によろこんでもらえるね。

クイズのこたえ　7ページのこたえ　③命日　（亡くなった日のこと。12月10日だよ）

文学賞

文学とは、詩、小説、戯曲（劇の脚本）など、言葉を使って人を楽しませたり感動させたりするもの。

じつは、アルフレッド・ノーベルは詩人でもあったんだ。だからノーベル賞に、文学の部門をつくったんだね。本を読むのが好きな人にオススメだよ。

平和賞

ノーベル平和賞は、平和と平等、地球の未来のために活動する人や団体に贈られる。やさしくて正義感の強い人にピッタリ。世の中から戦争や差別をなくして、みんなが幸せに暮らせる未来をつくろう！

経済学賞

経済というのは、ものがつくられてお金と交換され、社会の中を動いていくしくみのこと。そして、そのしくみを調べる学問が経済学だ。経済学の研究が進めば、「どうすればみんなが豊かに暮らせるのか」がわかってくる。貧しさをなくしていくことや、社会を安定させることに役立つんだ。

おどろき!! 特ダネ

経済学賞はちょっとちがう!?

じつは、アルフレッド・ノーベルの遺言の中には、「経済学の賞をつくろう」という言葉はなかった。そしてノーベル賞が創設されたときも、物理学賞、化学賞、生理学・医学賞、文学賞、平和賞の５部門だけだったんだ。経済学賞は、あとからつくられたんだよ。くわしくは、86ページを見てね！

はみだしクイズ　日本人が受賞したことがないのは？（2016年９月現在）　①物理学賞　②平和賞　③経済学賞

ノーベル賞を受賞する人は、どのようにして決められるのかな？　多くの候補者の中から、だんだんとしぼりこんでいって、一番ふさわしい人に決定するんだよ。その道のりを見てみよう！

スタート

❶候補者の推薦

世界中にいる多くの「推薦人」が、「今度のノーベル賞はこの人に！」という人のことを推薦状に書いて、1月31日までに送るよ。

❷委員会で審査

各賞の選考機関の中につくられた「ノーベル委員会」が、推薦状を集め、それぞれの候補者にどんな業績があるのか、調査をはじめる。

❸専門家の意見

ノーベル委員会の人だけで判断するのは難しいから、専門家に問い合わせて意見を聞いたりもするよ。

❹候補者のしぼりこみ

9月ごろ、各賞のノーベル委員会は、候補者を数名までしぼりこむ。そして、それぞれの人についてのくわしい報告書をまとめて、選考機関に提出する。

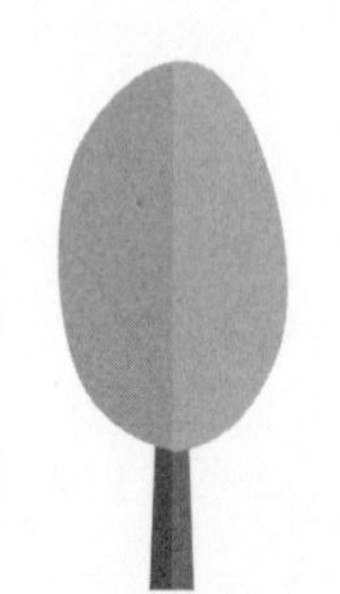

こどもノーベル賞新聞

スペシャル企画

ノーベル賞への道のり

今日のことば

「いうまでもなく、賞を与えるうえで候補者の国籍はまったく関係がない」

（ノーベルの言葉。どんな国の人でも、ノーベル賞はもらえるんだ）

選考機関とノーベル委員会は別モノ!?

ノーベル賞の賞ごとの受賞者を選ぶのが「選考機関」。各選考機関の中で、賞ごとに5人の代表委員が選ばれ、「ノーベル委員会」として、とくにくわしい調査をするんだ。

受賞者の条件

受賞の資格

条件は、「発表の時点で生きていること」だけ！ どんな国のどんな人でもOKだよ。

推薦の資格

候補者を提案する推薦人は、それぞれの分野の専門家。過去の受賞者も推薦人になれる。

選考は秘密

誰が候補になり、どんな選考がされているかは極秘！ 公正な審査をするためだよ。

選考機関はココにある!!

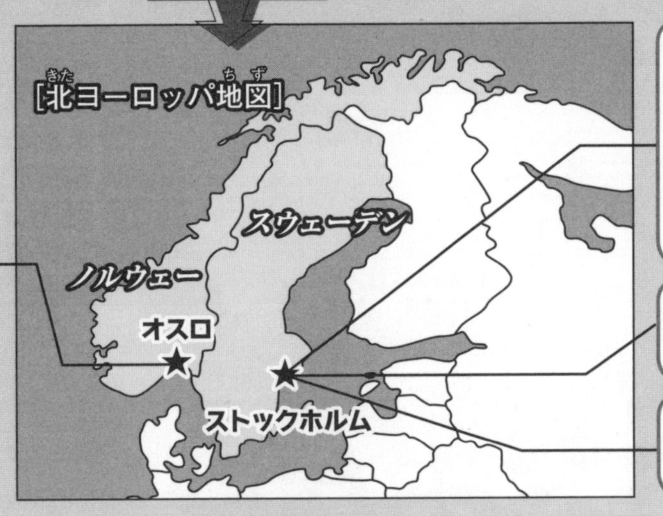

平和賞
ノルウェー国会

平和賞だけが、ノルウェーで選考される。授賞式もノルウェーで行われるよ。アルフレッド・ノーベルが指定したんだ。「スウェーデンとノルウェーが、お隣の国同士、仲よくやっていくように」ということなのかもね。

物理学賞
化学賞
経済学賞
スウェーデン王立科学アカデミー

生理学・医学賞
カロリンスカ研究所

文学賞
スウェーデン・アカデミー

おどろき!! 特ダネ

● 受賞者は3人まで ●

それぞれの賞の受賞者は、3人までと決まっている。いっしょに研究している仲間が共同受賞することもあるし、別の国や組織で研究するライバル同士で受賞することもある。

ただし、文学賞は通例としてひとりずつ。また平和賞は、個人ではなく団体が受賞することもあるよ。

ゴール

❺受賞者の決定

委員会の報告を受けて、各選考機関で多数決や話し合いが行われる。そしてとうとう、誰がノーベル賞を受賞するか決まるんだ。

❻受賞者に電話

受賞者が決まると、本人に電話がかかってくる。何日の何時に発表になるかは、年によってちがうけれど、10月の前半くらいだよ。

はみだしクイズ　ノーベル賞の選考のようすは、いつ公開される？　①1年後　②10年後　③50年後

こどもノーベル賞新聞

物理学賞

1901年度

ヴィルヘルム・レントゲン

X線を発見。現代物理学に大きな影響を与えた。

【1845～1923】

今日のことば

「私は考えなかった。ただ探求した」

（レントゲンの言葉。頭で考えることも大事だけれど、実験や行動をしたりしてみてはじめてわかることも、たくさんあるんだね）

1901年12月10日、ノーベル5度めの命日。ついについに、第1回ノーベル賞授賞式が行われたよ！最初の物理学賞に輝いたのは、ドイツの物理学者ヴィルヘルム・レントゲン。このレントゲンさんはどんなすごいことをやったかというと、人の体を通り抜けて進み、骨などを写し出すことのできる「X線」を発見したんだ（発見は1895年のことだったよ）。

この発見は、その後の科学を大きく発展させるきっかけになった。ほかの科学者たちも、「本当は私がノーベル賞をもらいたかったけど、あのレントゲンさんなら、仕方がないか……」と、納得しているみたいだ。

クイズのこたえ　11ページのこたえ　③50年後（どんな選考だったかは、ずっとあとにならないと発表されないんだ）

X線の正体とは

　レントゲンの発見したX線は、今も私たちの暮らしにとても役立っている。体の中を写し出す性質を利用して、病院のX線写真などに使われているよ。その正体はというと、「電磁波」というものだ！

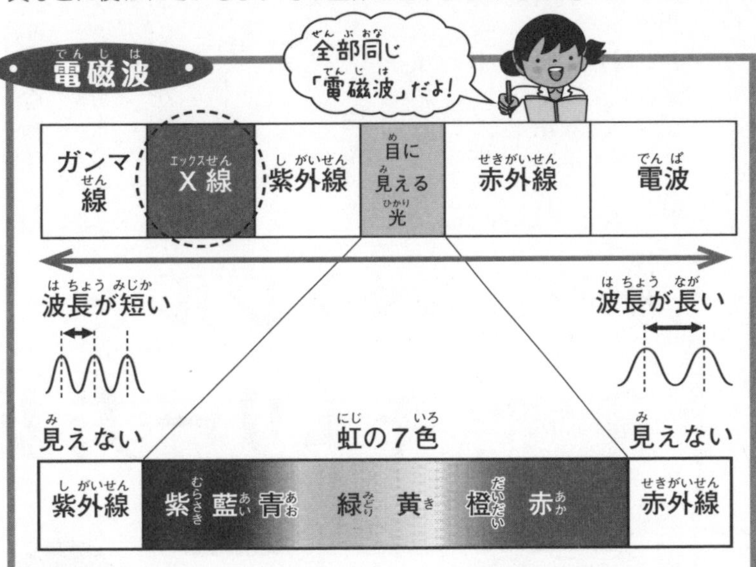

　電磁波は、「波」の性質をもつ。波には「波長」というものがあって、これはひとつの波から次の波までの、ひと波分の長さを指すよ。電磁波は、波長の長さによって、目に見える光になったり、目に見えない「紫外線」や「赤外線」になったり、ラジオ・テレビの放送や通信に使われる「電波」になったりする。X線も、この電磁波の一種なんだ。

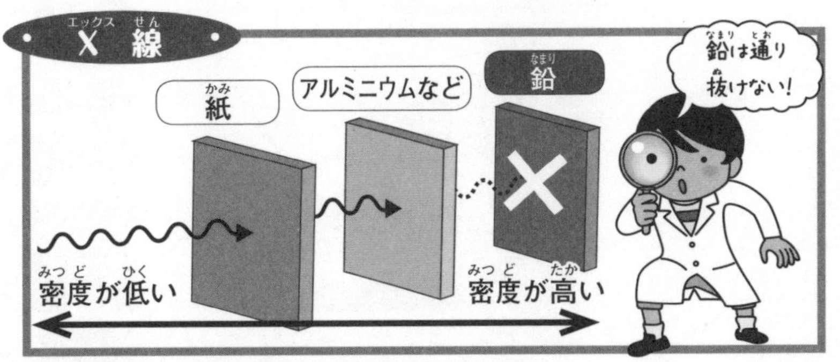

　波長が短いX線は、いろいろなものを通り抜ける。くわしくいうと、通り抜けやすさは密度（中身がどれだけぎっしりつまっているか）に関係していて、密度の高い物質は通り抜けにくいけれど、密度の低い物質はよく通り抜ける。人の体では、密度の低い皮膚や肉は通り抜け、密度の高い骨などでは止められる。これをフィルムに写すと、体の中を見られるんだ！

1896年に撮影された手のX線写真

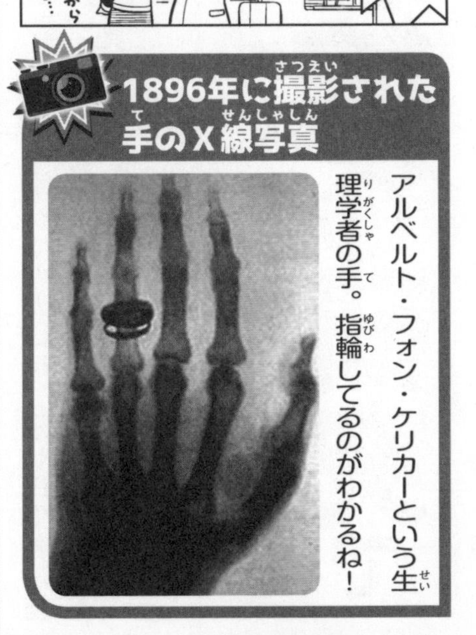

アルベルト・フォン・ケリカーという生理学者の手。指輪してるのがわかるね！

はみだしクイズ　「X線」とは、もともとどういう意味？　①謎の光線　②よくない光線　③やさしい光線

物理学賞

1903年度

放射線の研究

目に見えない放射線を発見し研究した3人が受賞。

今日のことば

「すべての人には、幸せに生きる使命があります。だから、すべての人を幸せにする義務があります」
（マリー・キュリーの言葉）

1903年度 物理学賞

放射線の研究で3人が共同受賞

ベクレルとキュリー夫妻

レントゲンによるX線の発見につづいたのが、「放射線」の大発見だ！

放射線とは、強いエネルギーをもって飛ぶ、目に見えない光のようなものだ。現在では、非常に小さな粒子（目に見えない粒）であることがわかっている。そして、この放射線を出す性質を「放射能」という。マリー・キュリーの発案で名づけられたよ。

1903年度のノーベル物理学賞は、放射線を研究した3人のフランスの科学者が、共同で受賞！　X線と同じように目に見えない放射を発見したアンリ・ベクレルと、それをくわしく調べたキュリー夫妻だ。夫婦でノーベル賞なんて、すごいね！

アンリ・ベクレル

女性初の受賞

マリー・キュリー

夫婦での受賞

ピエール・キュリー

放射線研究の道

レントゲンが発見したX線（12ページ）について研究する中で、ベクレルは1896年、ウランという鉱物から、見えない光のようなものが放射されているのを見つけた。この放射は当時、「ベクレル線」と呼ばれた。

じつは、このベクレル線を出すのは、ウランだけではなかった。そのことを1898年に発見したのは、ピエール・キュリーとマリー・キュリー。放射はあらためて「放射線」と名づけられた。

またキュリー夫妻は、ウランの中から放射能の強い元素を見つけ出し、「ポロニウム」と命名した。さらに、もっと放射能の強い「ラジウム」も発見したよ。

アンリ・ベクレル
【1852～1908】
フランスの物理学者

ピエール・キュリー
【1859～1906】
フランスの物理学者

マリー・キュリー
【1867～1934】
ポーランド出身の物理学者・化学者

マリーとピエール 運命の出会い

ポーランドからフランスの首都パリへ出て勉強していたマリーは、1894年、友だちの家でピエールと出会った。科学の話を通して、ふたりはすぐに仲よくなり、愛し合うようになったよ。

今ではこんなことに利用されている
じゃがいもの芽が出るのをおさえる
遺跡がどれくらいの時代につくられたものなのかを測定する
がん細胞を殺したり増殖をおさえたりする

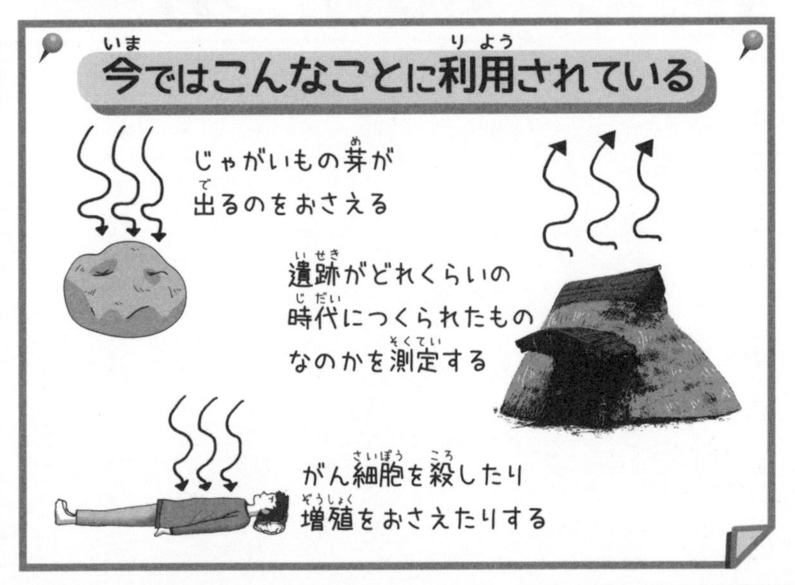

はみだしクイズ　パリに来る前、マリーはどんな仕事をしていた？　①工場の仕事　②家庭教師　③喫茶店の店員

こどもノーベル賞新聞

生理学・医学賞

1904年度

イワン・パブロフ

食べものの消化と脳・神経の関係をつきとめた。

【1849～1936】

今日のことば

消化
（食べものの中に含まれている栄養を、体に吸収できるように、体の中で分解すること。パブロフは、この消化のしくみを研究した）

甘～いケーキのことを考えてごらん。口の中に唾液が出てこないかい？この唾液、口に入った食べものを分解して栄養を取り込むための、「消化液」というものの一種なんだ。

でも、まだケーキを食べていないのに、どうして唾液が出るんだろう？

ロシア（のちのソビエト連邦）の生理学者パブロフは、食べものを分解する「消化」のはたらきを調べて、「ケーキのことを考えるだけで唾液が出るのは、脳や神経が消化とかかわっているからだ！」とつきとめたよ。

パブロフは「条件反射」という現象の研究で有名なんだけど、ノーベル賞の受賞理由は、消化の研究だったんだ。

食べものが消化されるまで

食べものは、体の中でどんどん細かく分解され、栄養が吸収されていくよ。

まず口でかまれて、唾液とまぜられ、食道へ。胃、十二指腸、小腸でどんどん分解・吸収される。栄養を吸収しつくされた残りかすは、大腸を通って肛門から外に出される。

人間の体の中は、折りたたまれた管のようになっていて、食べものはここを通ることで消化されるんだ。

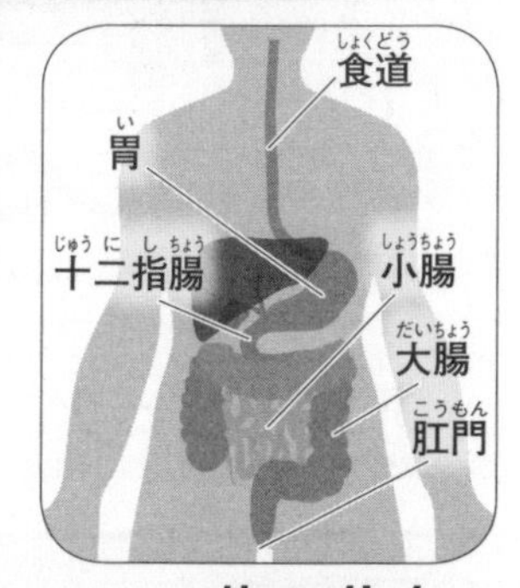

パブロフの発見

犬を使って消化の実験・研究をしていたパブロフは、食べものが胃に入らなくても、脳と神経のはたらきによって胃液（胃の消化液）が出ることを発見。脳の神経が「消化液を出せ」と命令しているんだ。

「パブロフの犬」

さらにパブロフは、有名な「パブロフの犬」という実験を行った。犬にエサを与えるとき、必ずメトロノームの音を聞かせるようにしていると、そのうち犬は、メトロノームの音を聞くだけでよだれを出すようになる！　メトロノームの音とエサとを結びつける、神経の道筋ができてしまうんだ。これを「条件反射」というよ。

パブロフとロシア・ソ連の歴史

年	できごと
1849年	パブロフ生まれる
1889年	犬を使った消化の実験
1902年	「パブロフの犬」の実験
1904年	パブロフノーベル賞受賞
1905年	ロシア第一革命　皇帝が支配する体制（帝政）への不満が高まる。
1917年	二月革命・十月革命　帝政崩壊。新しくボリシェヴィキ政権が誕生し、パブロフのノーベル賞賞金を没収。だがこの件をきっかけに、パブロフは政権の指導者レーニンと親交をもつ。
1922年	ソビエト連邦（ソ連）誕生

十月革命を指導するウラジーミル・レーニン

はみだしクイズ　パブロフが実験に使った犬は何頭いた？　①1頭　②50頭　③100頭以上

平和賞

スクープ特集

アンリ・デュナン【1828〜1910】
ベルタ・フォン・ズットナー【1843〜1914】

今日のことば

「団結して、良心にしたがって行動するなら、戦争は防げる」

（デュナンの言葉。人を傷つけ、命を奪う戦争は、絶対にしてはいけないね）

スイス　ジュネーヴ出身
アンリ・デュナン

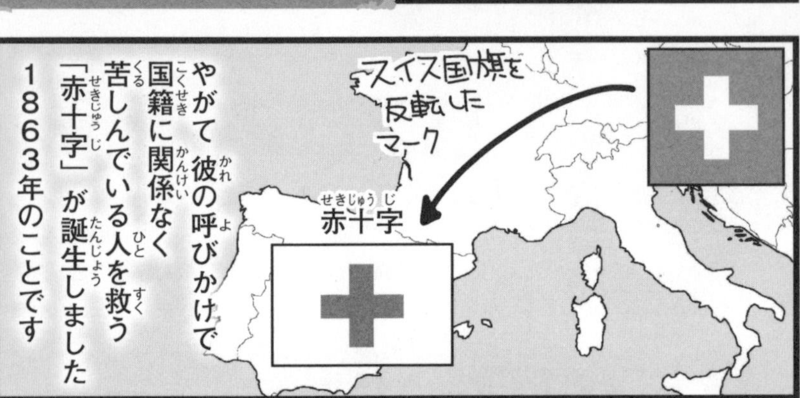

クイズのこたえ　17ページのこたえ　③100頭以上　（何百頭もの犬を、パブロフはとても大事にしていたそうだよ）

ノーベルの秘書兼家政婦

平和賞ができたのはベルタ・フォン・ズットナーのおかげ!?

1905年度の平和賞は、オーストリア出身のズットナーさんよ〜!! 彼女は以前、アルフレッド・ノーベルのお世話係だったの。ノーベルは、知的ですてきな彼女との結婚も考えたんだけど、彼女は別の人と結婚……。それでもふたりの友情はつづいたの。反戦運動家のズットナーさんは、平和について、よくノーベルと話し合っていたわ。ノーベル賞に平和賞の部門がつくられたのは、彼女のおかげともいわれているのよ〜。（平和代）

知識まとめFILE

ズットナー

世界から戦争をなくそうとがんばった。『武器を捨てよ！』という小説を発表し、映画化もされた。

デュナン

裕福な家庭に育ったが、自分のことはかえりみず人道的活動にのめり込み、財産を使いはたす。

はみだしクイズ　若いころ、デュナンは何の仕事をしていた？　①大学教授　②銀行員　③農場主

打ち倒せ!!

こどもノーベル賞新聞

生理学・医学賞

スクープ特集

細菌の狩人たち

ルイ・パスツール

【1822－1895】

フランスの生化学者・細菌学者。ものを腐らせたり病気を引き起こしたりする「細菌」などの微生物（とても小さな生き物）は、何もないところから自然に生まれるのではないことを発見。細菌学の道を開いた。

1905年度 生理学・医学賞

ロベルト・コッホ

【1843－1910】

ドイツの細菌学者。パスツールとともに「近代細菌学の父」といわれる。さまざまな病原体（病気のもと）を発見し、細菌についての基本的な考え方「コッホの原則」をつくった。

1901年度 生理学・医学賞

エミール・アドルフ・フォン・ベーリング

【1854－1917】

ドイツの細菌学者・生理学者。コッホの弟子。ジフテリアという怖い病気を治す「血清療法」を研究した。ノーベル生理学・医学賞の第１回受賞者。

北里 柴三郎 【1853－1931】

日本の医学者・細菌学者。コッホの弟子で、「日本の細菌学の父」といわれる。破傷風という病気の研究で、ベーリングよりも早く血清療法を開発。ノーベル賞を受賞してもおかしくなかったのに……。

今日のことば

「研究だけをやっていたのではダメだ。それをどうやって世の中に役立てるかを考えよ」
（北里柴三郎の言葉）

クイズのこたえ　19ページのこたえ　②銀行員（銀行の仕事も、熱心にがんばっていたよ）

細菌どもを

細菌とは!?

とても小さな生き物で、あらゆる場所にたくさんいる。体に入って悪さをするものも多いが、人間の役に立つ菌もある。

人はなぜ病気になるのかな？ 多くの場合、病気のもとになる「病原体」という微生物が、体の中に入ってくるからなんだ。19世紀の後半に、そのことを見抜いたのがパスツール。そしてコッホが、病原体となる「細菌」についての、研究の基礎をつくった。

彼らにつづいて、悪い細菌を見つけ出して退治しようとする「細菌の狩人」が、どんどん出てきたよ。この人たちのおかげで、いろんな病気の治し方がわかっていったんだ。

コッホの原則

❶ある同じ病気を調べると、同じ種類の微生物が見つかる。

❷その微生物は、病人の体から取り出すことができる。

❸取り出した微生物を動物に感染させせると、同じ病気になる。

❹そしてその病気になった部分から、同じ微生物が取り出せる。

これが、細菌を病原体とする感染症（うつる病気）に広く当てはまる「コッホの原則」だ。病気の原因をつきとめるための大きな手がかりだよ。

コッホ

ジフテリアの血清

ベーリング

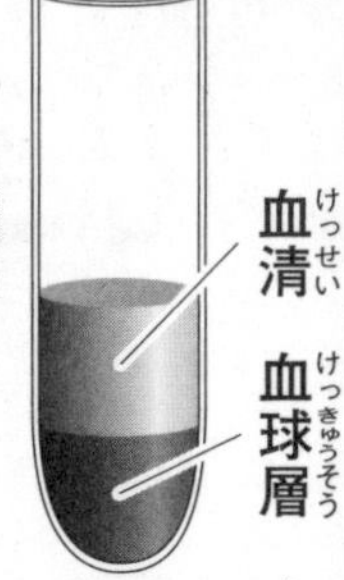

血を試験管にとってしばらく置いておくと、上のほうに透明な液体が分離する。この上ずみは「血清」といい、感染したことのある病気に対する「抗体」（病気をやっつけるための武器、23ページ）を含んでいる。ベーリングと北里は、この血清を利用してジフテリアを治療する方法をつくった。

はみだしクイズ　パスツールに細菌の研究のヒントを与えた生き物は？　①カブトムシ　②アリ　③カイコ

私たちの体を守る免疫の研究

こどもノーベル賞新聞

生理学・医学賞

1908年度

イリヤ・メチニコフ【1845～1916】
パウル・エールリヒ【1854～1915】

1908年度のノーベル生理学・医学賞は、「免疫」のしくみを研究したメチニコフとエールリヒだぜ。

え？　免疫って何かって？　体の中に入ってきた悪いものを、やっつけて追い出すことだぜ！

この地球上には、病原体（20ページ）となる細菌やウイルスがうようよいて、人間の体の中にも入ってくる。そのとき免疫のしくみが、病原体と戦う守備隊をくり出して、重い病気にならないようにくいとめてくれるんだぜ!!

免疫は、生まれたときからある「自然免疫」と、一度かかった病気にかかりにくくなる「獲得免疫」の2段階でできているぜ。（折尾 礼央）

今日のことば

ヨーグルト不老長寿説

（メチニコフは、ヨーグルトを食べればいつまでも若々しく、長生きできると考えた。メチニコフが「ヨーグルト不老長寿説」をとなえたおかげで、ヨーグルトは有名になったよ）

クイズのこたえ　21ページのこたえ　③**カイコ**　（絹をつくる虫だよ。パスツールは、カイコの病気の原因をつきとめた）

ノーベルしょうちゃん

「免疫があれば怖くない!?」　作画／絶牙

免疫のしくみ

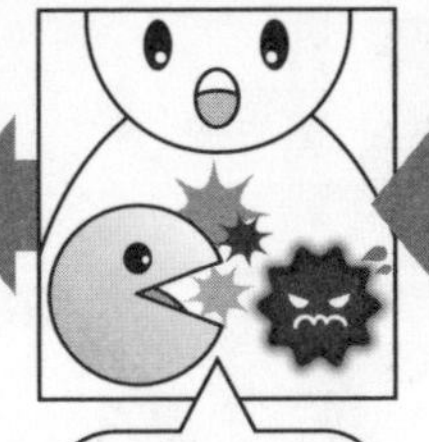

種類① 自然免疫

体の中に病原体が入ってくると、白血球がそれを食べてやっつけてくれる。これは「自然免疫」といって、生まれたときから備わっている機能だ。「白血球の食作用」ともいって、メチニコフが見つけたものだよ。

種類② 獲得免疫

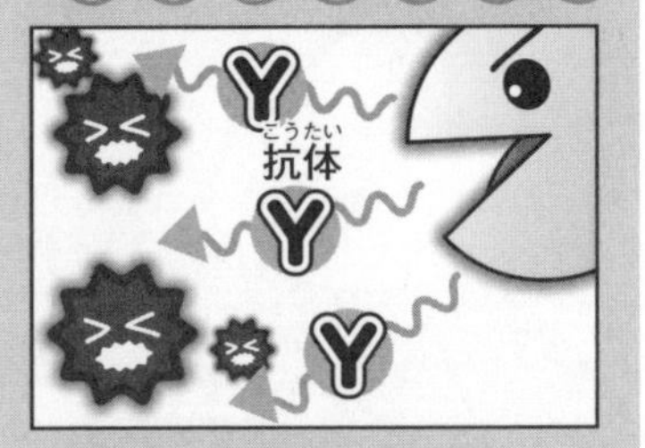

はしかや風疹に一度かかると、そのあとは同じ病気にかかりにくくなる。これは、その病気の病原体をやっつけるための「抗体」という武器が、体の中でつくられるからなんだよ。これが、「獲得免疫」だ。

知識まとめFILE

エールリヒ

ドイツの細菌学者・生化学者。病気を薬で治療する原理を確立。「化学療法」の基礎を築いた。

メチニコフ

ウクライナ出身の微生物学者・動物学者。白血球の食作用を提唱して、免疫についての研究を進歩させた。

メチニコフとヨーグルト

みんなは、ヨーグルトは好きかな? ヨーグルトは、おいしいだけじゃなくて、体にもよいということは、常識になっているよね。

じつは、「ヨーグルトは体によい」ということを世の中に広めたのは、メチニコフなんだ。

メチニコフは、腸の中で食べものが腐ることが、病気につながると考えた。そして、ヨーグルトに含まれる乳酸菌が、腸で食べものを腐らせる悪玉菌を、減らしてくれることをつきとめたよ。

はみだしクイズ　ヨーグルトはどの国でよく食べられていた？　①ブルガリア　②ルーマニア　③ハンガリー

こども ノーベル賞 新聞

化学賞

1908年度

アーネスト・ラザフォード

放射線を出す物質や、「放射性崩壊」を研究。

【1871 ～ 1937】

今日のことば

放射性崩壊
（ひとつの原子が、放射線を出して、別の種類の原子に変わる現象。ラザフォードはこれを研究することで、原子がより小さなものの組み合わせでできていることを解明した）

給食のパンを、ふたつに割ってみよう。その片方を、またふたつに割る。こうしてどんどん分割していくと、最後にはどうなるだろう? 顕微鏡でも見えないくらい細かいところまで割っていけるとしたら、とっても小さな「原子」というまとまりにたどり着くんだ。そして、それ以上は分割できないと、みんな思っていた。

しか〜し！　原子が変化する「放射性崩壊」を研究したラザフォードは、「変化するということは、原子はもっと小さなものが組み立てられてできているにちがいない！」とつきとめた!!　実際、放射性崩壊は、原子の中にある「原子核」の変化から起こるのさ。

クイズのこたえ　23ページのこたえ　①**ブルガリア**　（メチニコフは、ブルガリアの人が長生きであることに注目した）

大きな世界

この世界は、いろいろな物質で成り立っている。

物質は「分子」でできている！

すべての物質は、小さい「分子」というものが集まって、組み合わさってできている。

分子は「原子」でできている！

分子は、さらに小さい「原子」が組み合わさってできている。原子とはもともとは、「これ以上細かくは分けられない、一番小さな単位（まとまり）」という意味だ。

しかし、よりくわしく調べてみると、原子の中にはもっと小さいものが入っていた！

原子は「原子核」と「電子」でできている！

原子の中には「原子核」と「電子」というものが組み合わさった内部構造があった。

そしてさらに……

原子核は「中性子」と「陽子」でできている！

20世紀の科学は、このようにどこまでも小さな世界を探究していくことになる。

小さな世界

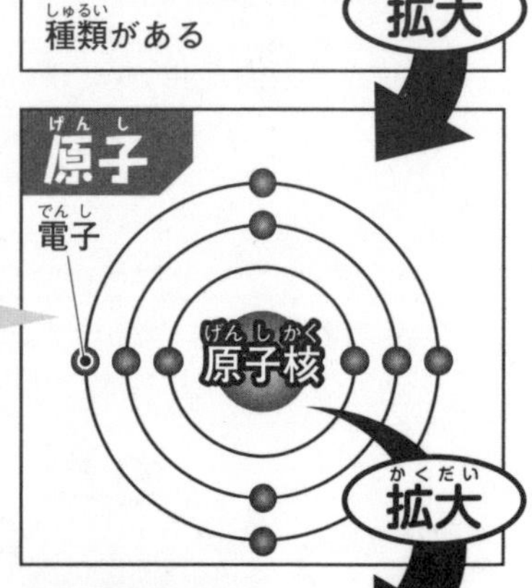

ラザフォードの原子モデル

ラザフォード

ラザフォードは、原子核のまわりを電子が飛び回る原子内部の構造のモデルをつくった（下図）。

現在から見るとちょっと欠点のあるものだけど（39ページ）、これがつくられたおかげで、原子のような小さなものの世界のしくみを調べる物理学は、大きく進歩できたんだ。

多くの弟子を育てたやさしい先生でもあるラザフォードは、「原子物理学の父」とも呼ばれているよ。

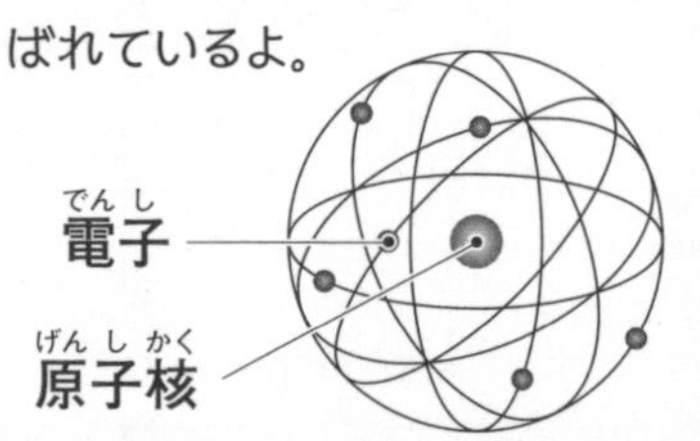

もっとまめ知識FILE

「原子」に似た言葉に、「元素」というものがある。ふたつはどちらも、この世界の物質を形づくるもののこと。指しているものは、ほとんど同じだともいえるんだ。

小さな世界のことを具体的に考えるときに「原子」という言葉を用いる。そして原子の種類や性質について考えるときには、「元素」という言葉を用いるよ。

はみだしクイズ　1903年、原子の構造の「土星型モデル」を提唱したのは？　①野口英世　②長岡半太郎　③福沢諭吉

物理学賞

1909年度

グリエルモ・マルコーニ
無線電信を発明し、通信を便利にした。
【1874～1937】

今日のことば

「昨日の不可能が今日の可能となり、前世紀の空想がいまや事実としてわれわれの眼前に出現している」
（マルコーニの言葉）

現在では、携帯電話やインターネットなど、通信がとても便利になっているけれど、これはいろいろな人たちが、通信のための方法を開発してくれたおかげなんだ。

19世紀なかばまでは、遠くの人とやりとりする方法は、時間のかかる手紙しかなかった。

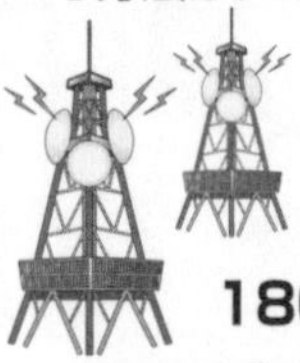

1840年 モールスが電信で特許を取る

1861年 アメリカ大陸横断電信線

1866年 大西洋横断電信線

1876年 ベルが電話で特許を取る

1877年 ベル電話会社がつくられる

特許とは

特許とは、ある発明をした人が、その発明のひとりじめを許されること。もし君が特許を取れたら、「この発明は私のものだから、使いたかったらお金を払ってね！」な～んてことがいえるんだよ～。

サミュエル・モールス

【1791～1872】
アメリカ合衆国の発明家・画家

モールスは、電気がすごい速さで電線を伝わっていくことに注目し、「電流を使って通信すれば便利じゃないか！」と考えた。

そこで彼はまず、「モールス信号」を考案。これは、「電流を短い時間流して切ること」（トン）と、「電流を長い時間流して切ること」（ツー）と、「電流を流さずにいること」（休止）の３種類の信号の組み合わせで、文章を伝えるものだ。そして、電気を通す電信線を張り、そこに電気でモールス信号を流せるようにしたよ。

▶モールス信号を打つための「電鍵」。

アレクサンダー・グラハム・ベル

【1847～1922】
アメリカ合衆国の発明家・科学者

電話は、しゃべる人の声の空気の振動を電気に変えて電線に流し、聞く人のところで音に戻すしくみだ。ベルがこれを発明したおかげで、電線を利用して遠くの人と話ができるようになったんだ。

グリエルモ・マルコーニ

無線電信の発明家

1909年度のノーベル物理学賞は、無線電信のしくみを開発した、マルコーニが受賞！　無線電信とは、電線なしで遠くにモールス信号を伝える技術。とくに、電線を張ることのできない海の上の船の通信などに便利なんだ。

1909年度 物理学賞

マルコーニは、イタリア出身の発明家。強い意志をもって、無線電信を改良しつづけた。

1896年 マルコーニが無線電信で特許を取る

1901年 アメリカ・ヨーロッパ間の無線電信に成功

1912年

タイタニック号沈没

「絶対に沈まない」といわれていた豪華客船タイタニック号が、氷山とぶつかって沈没する、悲惨な事故が起きた。このとき、海の上でも通じる無線電信が、人命救助の役に立ったよ。

ストゥヴァー《沈没するタイタニック》。▶

今は、通信がとても便利になっているね！

現代

はみだしクイズ　船などで助けを求める信号は？　①ＰＴＡ　②ＳＯＳ　③ＢＣＧ

こどもノーベル賞新聞

化学賞

1911年度

マリー・キュリー

放射性物質の研究で2度めの受賞。

【1867～1934】

今日のことば

「チャンスというものは、準備を終えた者にだけ、微笑んでくれるのです」（マリー・キュリーの言葉）

　1911年度のノーベル化学賞は、マリー・キュリーが受賞！　あれ？　マリーって、たしか前にも……。

　一度ノーベル賞をもらった人が、ふたたび受賞するというのは、これまではなかったことだ。「ノーベル賞は、ひとり1回じゃなかったのか……」という驚きの声が広がっているよ。

　マリー・キュリーは、目に見えずいろいろなものを通り抜ける「放射線」を研究して、ベクレルや夫のピエールといっしょに、1903年度の物理学賞を受賞していた（14ページ）。今回は、その放射線を出す元素の「ラジウム」と「ポロニウム」を見つけたことに対しての授賞だよ。

クイズのこたえ　27ページのこたえ　②SOS（モールス信号での「遭難信号」というよ）

亡くなった夫の志をついで……

1903年度のノーベル物理学賞をもらったあと、マリーは、いっしょに受賞した夫のピエールは1906年、街で馬車にひかれて亡くなってしまったんだ。

だけどマリーは、いつまでも落ち込んでばかりはいなかった。まだ小さなこどもたちを育てながら、ピエールのできなかった研究をつづけたんだ。

走れ！ 戦争で傷ついた人たちのために ちびキュリー号

1914年、世界の多くの国を巻き込んだ大きな戦争、第一次世界大戦がはじまる（33ページ）。戦争でケガをした人を治療するとき、放射線の一種のX線で体の中を見通しておけば、手術しやすい。

それを知っていたマリーは、何と、自分でX線の装置をつくり、自動車にのせて各地の病院を回ったんだ。この自動車は、「ちびキュリー」と呼ばれたんだって。

生き方から学ぶ この人の人生

新しい時代の女性

マリー・キュリーは、ポーランド出身。フランスに出てきて科学の研究をしたが、外国人だからということで差別を受けることもあったし、また、女性だからということで偏見の目で見られることもあった。

それでもマリーは、自分に誇りをもって研究をつづけた。彼女の生き方は、今でも多くの人に勇気を与えている。

コラム

放射能について

放射線が発見されてからしばらくの間は、放射線にどんな危険があるかわかっていなかった。だからマリー・キュリーも、放射能（放射線を出す性質）をもつ物質に、素手でさわっていた。現在の研究では、放射能はとても気をつけて取りあつかわれているよ。

はみだしクイズ 「ポロニウム」の名前の由来は？ ①人の名前 ②町の名前 ③国の名前

こどもノーベル賞新聞

文学賞

1913年度

ラビンドラナート・タゴール

アジア人初のノーベル賞を受賞した詩人。

【1861 ～ 1941】

今日のことば

「幸せになるのはとてもシンプルなことです。しかし、シンプルでいることはとても難しい」
（タゴールの言葉）

これまで、ノーベル賞を受賞するのは、圧倒的にヨーロッパの国の人が多かった。だけど1913年度、とうとうアジアから、ノーベル賞の受賞者が出たぞ！ インドの詩人タゴールが、ノーベル文学賞を受賞したんだ！

タゴールは、地元の言葉ベンガル語で、詩集『ギーターンジャリ（歌のささげもの）』を発表。それを自分で英語に翻訳し、ベンガル語がわからない人にも読めるようにした。このことが、ノーベル賞受賞のきっかけになった。

タゴールの美しい詩は、今でも多くの人に愛されているよ。タゴールは、インドやバングラデシュの国歌を作詞した人でもあるんだ。

クイズのこたえ　29ページのこたえ　③国の名前　（マリー・キュリーの出身国ポーランドにちなんでいる）

タゴールさんは日本好き？

タゴールは若いころから、同じアジアの日本に関心をもっていた。とくに、自然を愛する日本人の心はすばらしいものだと考えていたよ。1916年には、タゴールは日本へやってきた。一生のうちに、5回も来日しているんだ。

しかし、やがて日本が軍隊の力を背景に、まわりの国に対して無茶な態度を取るようになると、「日本はこんなひどい国ではなかったはずだ！」と、真剣に注意してくれた。

写真中央がタゴール（1916年の来日時）

ノーベル文学賞 初期の受賞者たち

セルマ・ラーゲルレーヴ

1909年度 文学賞

【1858～1940】

スウェーデンの小説家。児童文学作品『ニルスのふしぎな旅』は、妖精の力で小人にされた少年ニルスが、鳥たちといっしょに旅をする物語だ。アニメや映画にもなって、世界中で愛されているよ。

モーリス・メーテルリンク

1911年度 文学賞

【1862～1949】

ベルギー出身の詩人・劇作家。神秘的な雰囲気の作品を数多く書いた。代表作は戯曲『青い鳥』。チルチルとミチルの兄妹が、光の精にみちびかれて、幸せの青い鳥を探しに行くお話だ。青い鳥は見つかるのかな？

もっとまめ知識FILE

アルフレッド・ノーベルは、美しい理想を追い求めるような文学が好きで、文学賞は「理想的な方向性」の作品を書く人にあげたいと、遺書にも書いていた。でも19世紀後半には「自然主義」といって、「人間のみにくい部分や、社会の悪い部分にも注目しよう」という文学の流れがあった。ノーベル賞ができてしばらくは、この自然主義の立場の人たちは、すばらしい作品を書いてもノーベル文学賞はもらえなかったんだ。

はみだしクイズ　初期のノーベル文学賞で受賞者が多かったのは？　①詩人　②劇作家　③小説家

こどもノーベル賞新聞

スクープ特集

第一次世界大戦とノーベル賞

野口英世は、パスツールやコッホなどの流れを受けついだ微生物学者（20ページ）でございます。海外で研究をなさり、評価も高かったので、「野口さんはノーベル賞を受賞するのでは？」と、ささやかれておりました。

しかし、第一次世界大戦が起こると、ノーベル生理学・医学賞は「受賞者なし」とする年があいつぎます。結局、野口さんはノーベル賞をもらえませんでした……。

ただし、野口さんはたしかに医学に大きく貢献しましたが、研究上の間違いもあったことが、現在はわかっています。受賞できなかったのは、大戦のせいばかりともいえないようです。

今日のことば

「努力だ、勉強だ、それが天才だ。誰よりも、3倍、4倍、5倍勉強する者、それが天才だ」

（野口英世の言葉。す、すごい気迫……っ!!）

クイズのこたえ　31ページのこたえ　①詩人　（詩が文学の中心だと考えられていた時代があったんだ）

1914～1918 第一次世界大戦

人類の歴史の中ではじめて、たくさんの国を巻き込んだ、世界的な戦争が起こった。第一次世界大戦だ。ヨーロッパを中心に、多くの犠牲者を出した……。

赤十字国際委員会

1917年度 平和賞

赤十字国際委員会は、アンリ・デュナン（18ページ）の呼びかけでつくられた、国際的な組織だよ。

戦争や自然災害などの被害にあった人たちを、助ける仕事をするんだ。本部は、スイスのジュネーヴにある。

ヨーロッパを中心に、ひどい被害を生んだ第一次世界大戦では、捕虜になった人や戦争に巻き込まれた人を助けて、団体でノーベル平和賞を受賞したよ。

第一次世界大戦は、ヨーロッパを中心に深い傷跡を残した。

戦争で破壊された町

フリッツ・ハーバー 毒ガスの開発

ドイツの化学者ハーバーは、ドイツ軍の兵器として、毒ガスを開発した。彼のつくった毒ガスは、第一次世界大戦で用いられ、「いくら戦争でも、こんな恐ろしい兵器を使っていいの？」と、国際的に非難された。大戦後にハーバーがノーベル化学賞を受賞したとき、反発する人も多かった。

でもね、ハーバーは、人類に大きな貢献をした化学者でもある。彼は、空気中の窒素という元素からアンモニアという物質を合成する方法を開発した（ノーベル賞受賞理由はこれだ）。アンモニアから人工肥料がつくられ、より多くの食糧が生産されるようになり、飢餓の恐れが少なくなったんだ。

はみだしクイズ 野口英世の趣味は？ ①彫刻 ②油絵 ③書道

量子論の父マックス・プランク 量子仮説をとなえる

1918年度 物理学賞

波さん
粒子さん
どっち かなぁぁ!?
波と粒子いったいどっち!?

光のエネルギーについて、新しい考え方を思いついた、ドイツの物理学者プランク。でも、自分の大発見がどういう意味をもつのか、自分でもつかみきれていないみたい。

プランク　光のエネルギーは、なめらかに変化するのではなく、飛び飛びの値で変化するらしい。これはいったい、どういうことなんだ?

波さん　教えてあ・げ・る。それはね、電磁波（13ページ）の一種つまり「波」であるはずの光が……

粒子さん　じつは、とっても小さい粒、「粒子」でできているということなのよ。

プランク　えっ、そ、そうなの!?

こどもノーベル賞新聞

物理学賞

1918年度

マックス・プランク

「量子」という考え方をつくった「量子論の父」。

【1858～1947】

今日のことば

量子
（波であると同時に粒子であるという、二重の性質をもつ、とても小さな粒のこと。この量子についての研究は、プランクの「量子仮説」からはじまった）

光は波なの？ 粒子なの？

私たちの身のまわりにある光が、いったいどういうものなのか、みんなは考えたことがあるかな？

プランクより前の科学者たちは、光を波としてとらえ、そのエネルギーは一定の割合でなめらかに変化すると考えていた。

たとえば水をコップにゆっくり注ぐと、じわじわと重くなっていくよね。光のエネルギーもそういうものだと思われていたんだ。

でも実験をしてみると、こういう考え方では説明できないような結果が出てしまった。

▲コップはじわじわと重くなる。

そこでプランクは考えた。

光のエネルギーは、なめらかに変化するのではなく、とても小さい単位でガクッガクッと変化するんじゃないの？

たとえば、コップにかたまりのお砂糖を入れるとき、重さはお砂糖のかたまりひとつ分ずつ増していくよね。これと同じで、光のエネルギーはなめらかに変化するのではなく、光のエネルギーのかたまり１個分ずつ、ガクッガクッと変化するというわけだ。この考え方は、実験結果とよく合っていた。プランクはこのエネルギーの小さなかたまりを、「量子」と名づけた（「量子仮説」）。

▼コップはかたまり１個の重さずつ重くなる。

プランク自身、この発見が何を意味するのか、当初はよくわかっていなかったのだけれど……のちにいろいろな人の研究により、次のようなことがわかってくる。

目でも顕微鏡でも見えない小さい世界を、もし見ることができたとしたら……。光は、小さなかたまり「量子」でできているんだ。そしてこの量子は、波としてふるまうこともあるし、粒子としてふるまうこともある。

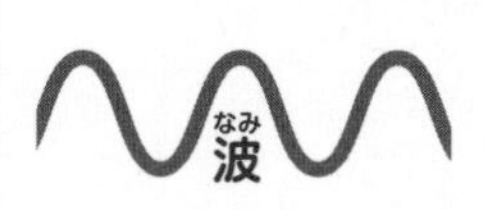

量子はふしぎな二重の性質をもつ

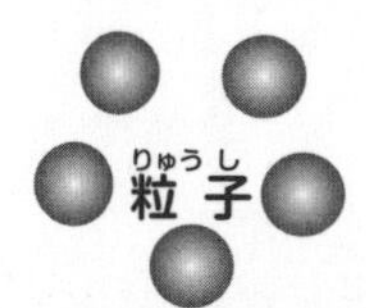

波の性質と粒子の性質を同時にもつこの量子について、考えたり調べたりするのが、現代物理学のもっとも重要な理論のひとつである「量子論」だ。量子論は、プランクの「量子仮説」から生まれたんだよ。

はみだしクイズ　プランクが得意だったのは？　①音楽　②詩　③スポーツ

こども
ノーベル賞
新聞

物理学賞

1921年度

アルベルト・アインシュタイン

相対性理論をはじめ、多くの発見をした天才。

【1879～1955】

今日のことば

「神聖な好奇心を失ってはならない」

（アインシュタインの言葉。何かを「不思議だ」と思ったり、「知りたい」と思ったりすることは、とても大事なんだね）

アインシュタインのすごいところ

エピソード① こども時代ははみ出し者？

天才といわれるアインシュタインだけど、小さいころは、ちょっと変わったこどもだったらしい。とくに、言葉をしゃべるようになるのが遅くって、大人を心配させたともいうよ。自分のペースで考えることが大事だったと、本人はいっている。マイペースでもいいんだね！

エピソード② 1905年は「奇跡の年」！

1905年、アインシュタインはスイスの特許局で仕事をしながら、物理学の歴史を変えるようなすごい論文を、5本も発表したよ。

ノーベル賞の受賞理由になった「光電効果」の論文も、「相対性理論」も、ここで生まれたんだ！

光電効果の研究

「光電効果」という現象を研究した論文で、「量子」の考え方（34ページ）を発展させた。光が波の性質だけでなく、粒子の性質ももつことを論じた。

これが1921年度ノーベル物理学賞の受賞理由に！（受賞は1922年）

クイズのこたえ　35ページのこたえ　①音楽（オルガンやピアノを弾き、作曲や指揮もしていたよ）

ザ★天才

相対性理論

特殊相対性理論

❶光の速さは絶対に変わらず、光より速いものはない。

❷光に近い速度で動くものがあると、それにかかわる時間と空間は、あり方が変化する。

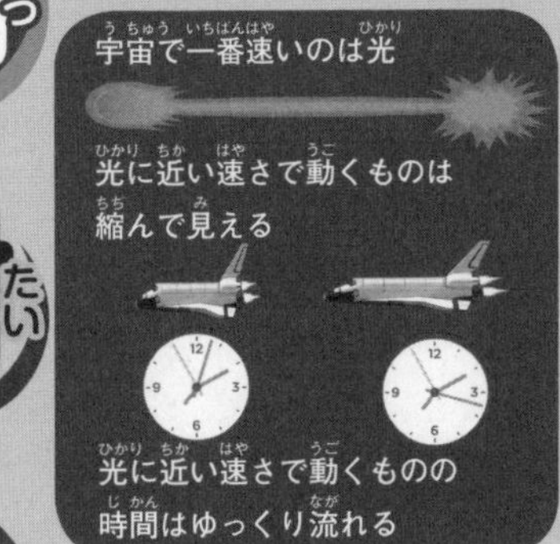

一般相対性理論

❶重力の大きいところでは、空間がゆがむ。

❷重力の大きいところでは、時間の進み方が遅くなる。

★より一般的な理論になった!!

光と時間・空間、そして重力の秘密を解き明かした相対性理論。

じつはそのアイディアは、アインシュタインが16歳のとき見た夢から生まれたともいわれている。その夢は、「光の速さで光を追いかける」というものだった。

現代物理学の基礎となった相対性理論だけど、ノーベル賞の受賞理由にはあげられなかった。当時は十分に理解されていなくて、反対する人も多かったんだ。

第二次世界大戦のとき、アインシュタインは原子爆弾の開発のはじまりにかかわっていた（55ページ）。でも、実際に原爆が広島と長崎に落とされると、彼は大きなショックを受けた。

もともと平和を愛するやさしい人だった彼は、これをきっかけに、積極的に平和運動を行うようになるんだ。

はみだしクイズ　相対性理論の正しさは、どんな現象で証明された？　①潮の満ち引き　②蜃気楼　③皆既日食

ニールス・ボーア
原子の構造のモデルをつくり、量子論を育てた。
【1885～1962】

「量子論」の時代の幕開けだあ〜！

プランクの「エネルギーは量子だ」という説（35ページ）と、アインシュタインの「光は量子だ」という説（36ページ）から生まれた、「量子論」の考え方。デンマークの物理学者ボーアは、とても小さな世界を説明するこの量子論を使って、原子の中身がどうなっているか解き明かしたぞ。

ボーアのがんばりによって、量子論はメキメキ成長していく。ボーアは量子論の「育ての親」なんだ。

のちに、アインシュタインが量子論に論争をしかけてくるんだけど、ボーアは尊敬するアインシュタインと激しく闘って、量子論を守っていくよ。

今日のことば

「エキスパートの定義とは、ごく限られた分野で、ありとあらゆる間違いをすべて経験した人物のことだ」

（ボーアの言葉。失敗は成功のもとってこと）

クイズのこたえ　37ページのこたえ　③皆既日食（1919年にアーサー・エディントンの観測結果で証明された）

ボーア先生談

原子の中が本当はどうなっているか特別に見せてあげよう……フフフ

ラザフォードの考えた原子モデル

ラザフォードの原子モデル（25ページ）は、ちょっと無理があった（いいセンいってるんだけどね～）。これだと、原子核の周囲を回る電子は、光を発してエネルギーを失い、原子核のほうへ引き寄せられてしまうはずなのだ。

ボーアの考えた原子モデル

原子核のまわりに、電子の飛ぶ軌道がいくつかある。それらの軌道は、それぞれの決まったエネルギーをもっている。

電子が、エネルギーの高い軌道から低い軌道へ移動するとき、そのエネルギーの差に応じた波長の光を発する。逆に、電子がエネルギーの低い軌道から高い軌道に移動するときは、そのエネルギーの差に応じた波長の光を吸収する。私ボーアの考えたこのしくみは、「量子」の考え方ともピッタリ合うのだよ。

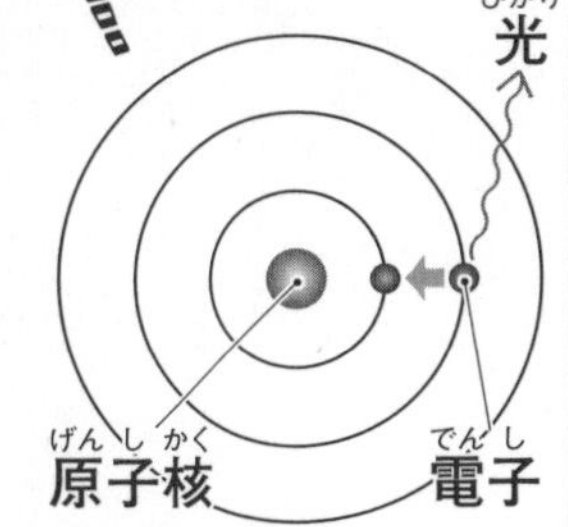

サッカー選手ボーア

ボーアはアマチュアのサッカー選手でもあった。ポジションはゴールキーパー。デンマーク代表候補にもなったんだ！

でも、試合中に数学のことを考えていて、飛んできたボールに気づかず、あやうく点を取られそうになったこともあったらしいよ……。

ボーア先生めっちゃ面倒見ええやん!!

ボーアはデンマークのコペンハーゲンに研究所をつくり、弟子たちを大事に育てた。「コペンハーゲン学派」と呼ばれ、ノーベル賞受賞者を何人も出したよ！

▶息子のオーゲ・ニールス・ボーアも、1975年度ノーベル物理学賞を受賞！

はみだしクイズ　ニールス・ボーアの弟ハラルトの職業は？　①数学者　②哲学者　③音楽家

いっしょに受賞したのにどうして仲が悪そうなの？

インスリンの発見の？？

こどもノーベル賞新聞

生理学・医学賞

スクープ特集

医学の発展

糖尿病というつらい病気の治療に用いられ、とても役に立つホルモン、インスリン。これを発見したバンティング（カナダ）とマクラウド（スコットランド出身）が、１９２３年度の生理学・医学賞を受賞したっ！

めでたい!! はずなのに、ふたりは何だかギクシャクしているっ……!?

コレが「事件の真相」だ!!

インスリン発見のための実験を考えたのはバンティング。マクラウドは「私の留守中、研究室と実験用の犬を使っていいよ」といっただけだった！

マクラウドが休暇でいないあいだに、バンティングはインスリンを発見した。でもこれがマクラウドとの共同研究だと勘違いされて、マクラウドもノーベル賞を受賞したんだ!! バンティングは、納得いかないようだぞ！

今日のことば

ホルモン

（体の中でつくられて、生命活動で特定のはたらきをする物質。バンティングたちの発見したインスリンも、ホルモンの一種なんだ）

心臓の動きがわかる!!

ウィレム・アイントホーフェン

【1860～1927】

心電図の発明

君は、「心電図」を見たことがあるかっ!?

心臓がどんなふうに動いているかを、波のようなグラフにし、目で見てわかるようにしたものだ！ 心臓の動きを、電気信号として読み取って図にしているんだ。心臓の状態を調べたり、異状を発見したりするとき役に立つ!!

そのしくみを考え出したのは、オランダの生理学者で、お医者さんでもあるアイントホーフェン。１９２４年度の生理学・医学賞を受賞したぞっ!!

現在の心電図

79
98
120-80
20

現在では心電図は、コンピュータ画面で見られるようになっている。医療の現場には欠かせないものだ。

はみだしクイズ　アイントホーフェンはどこで生まれた？　①エジプト　②インドネシア　③ブラジル

アツい!!

ものすごく小さなミクロの世界を調べる量子論が、科学の中で、一大ブームを巻き起こした！

【1892 ～ 1987】
フランスの物理学者

ボーア
1922年度 物理学賞
➡ 38ページ
量子論の考え方で、原子の構造を解明。

アインシュタイン
1921年度 物理学賞
➡ 36ページ

プランク
1918年度 物理学賞
➡ 34ページ

光のエネルギーと量子

プランクは、「光などのエネルギーは、ものすごく小さな一定の単位（まとまり）をもっている」という「量子仮説」をとなえた。

さらにアインシュタインは、プランクの考え方を推し進め、「光は、ものすごく小さな単位のエネルギーをもつ粒子だと考えればよい」という「光量子仮説」を立てた。

このようにして、光の二重の性質（「波」の性質と「粒子」の性質）などの実態がわかってきた。

ド・ブロイの疑問

「波」だと思われていた光に「粒子」の性質があるのなら、逆に、「粒子」だと思われていた電子にも、「波」の性質があるんじゃないかな？

本当にそうだった!!

電子にも、たしかに「波」としての性質があった！　そしてこのことは、ボーアの考えた原子のモデルとも、うまく一致したんだ。

量子論でわかったこと

「極小の世界」では私たちの常識は通用しない!!

たとえば、「粒子」であると同時に「波」でもある量子を、君は絵にすることができるかい？　そんな絵は、描くことができないよね。

原子よりもさらに小さいくらいの極小の世界では、じつはとっても変なことが起こっているんだ。

量子論とは？ おさらい

「量子」とは、「波」としての性質と「粒子」としての性質を同時にもつ、ミクロの世界の中でもとくに小さなもののこと。

この量子という考え方をもとにして、小さな世界をとらえる理論を、「量子論」という！

今日のことば

ミクロ

（目に見えない小さい世界のこと。その中でもとくに、原子よりももっと小さいくらいの世界には、私たちの常識は通じないんだ）

クイズのこたえ　41ページのこたえ　②インドネシア　（当時はオランダの領土だったんだ）

ノーベル賞ぞくぞく いま量子論が

1932年度
物理学賞
ヴェルナー・ハイゼンベルク

ポール・ディラック
【1902 ～ 1984】
イギリスの物理学者
相対性理論を取り入れて
波動方程式を完成させる。

エルヴィン・シュレディンガー
【1887 ～ 1961】
オーストリア出身の物理学者

波動方程式

「波」と「粒子」の両方の性質を同時にもち、忍者のように分身してあちこちにいるミクロの電子。その動きを表せる魔法のような式が、シュレディンガーの波動方程式だ !!

この式ができたことで、量子論がひとまず確立されたといわれているんだよ～！

ヴェルナー・ハイゼンベルク
【1901 ～ 1976】ドイツの物理学者

不確定性原理

ものすごく小さなものはつかまえられない!?

目に見えるくらい大きいものは、「どこにあるか」を調べて知ることができるけど、原子よりも小さな世界はちがう。

原子より小さな電子などは、分身しながら走り回っていて、「どこにあるのか」と「どのくらいのスピードで動いているのか」を、同時に正確に調べることができないんだ。まるで忍者だね！

奇想天外 シュレディンガーの猫

量子論に大きく貢献したシュレディンガーだけど、彼は量子のふしぎな性質に疑問をもち、「シュレディンガーの猫」という架空の実験を考えたよ。

その実験は複雑なんだけど、毒ガス装置のある箱の中で、「猫が生きている状態」と「猫が死んでいる状態」が重なるという、ヘンテコなことが起こるんだ！

はみだしクイズ　ド・ブロイは物理学より前には何を研究していた？　①経済学　②生物学　③歴史学

ビタミンは、私たちの健康のために、なくてはならない栄養素。でも、これが見つかったのは、意外と最近だ。

日本の鈴木梅太郎は1910年、米ぬかの中に「脚気」という病気を防ぐ成分があると見抜き、抽出して「オリザニン」と名づけた。そして、「生きていくために、少ない量でも必要な物質がある」という、現在のビタミンの基本的な考え方をとなえた。

でも、これを発表した日本語の論文が外国語に翻訳されたとき、新しい発見だということがうまく伝わらなかった。そのせいで鈴木さんは、ビタミンの発見者だと認められなかったんだ。ノーベル賞ものの発見なのに、残念！

今日のことば

栄養素

（食べたり飲んだりするものの中に含まれている、栄養になる成分。ビタミンのほかに、タンパク質や炭水化物などがある）

クイズのこたえ　43ページのこたえ　③歴史学　（別の分野に移って、そっちで大発見をしたんだね。すごい！）

ビタミンの発見とノーベル賞

ビタミンは大事な栄養素だから、その発見とかかわった科学者たちは、ノーベル賞をもらっているよ。

18世紀 各国で本格的な軍隊がつくられたとき、「野菜や果物を食べられない兵士は病気になりやすい」とわかった。

19世紀末 オランダのエイクマンが、米ぬかに大事な成分が含まれていることを発見。でも彼は、これを「毒素をやわらげるもの」と考えた。ビタミンの実態とはちがったんだ。

1910年 鈴木梅太郎、オリザニンを発見！

1911年 ポーランドのフンクが「ビタミン」という名前をつくる。鈴木の発見よりも、こちらのほうが広まった。

1912年 イギリスのホプキンズ、ビタミンの必要性についての論文を発表。

1927年 ハンガリーのセント＝ジェルジが、ビタミンCにあたる成分の抽出に成功。

【1858~1930】

【1861~1947】

【1893~1986】

はみだしクイズ ビタミンは、正式に認められている種類として、何種類ある？ ①4種類 ②9種類 ③13種類

人間の血液型発見

こどもノーベル賞新聞

生理学・医学賞

スクープ特集

カール・ラントシュタイナー【1868～1943】

トーマス・ハント・モーガン【1866～1945】

大きなケガなどで体内の血が足りなくなったとき、代わりにほかの人の血を体に入れてもらう、「輸血」という方法は知っているかい？

じつは昔は、せっかくもらった血が合わなくて、別の病気になったり、死んじゃったりすることも多かった。

ラントシュタイナーは、人間には「血液型」があって、同じ血液型同士でないと輸血してはいけないんだとつきとめた。安心して輸血ができるのは、この人のおかげなんだ！

で、この血液型は、親から子へ「遺伝」する。

ただし、その遺伝の仕方は複雑で、たとえばA型の親からO型の子が生まれたりもするよ。

グレゴール・ヨハン・メンデル
【1822～1884】
オーストリアの司祭

遺伝の法則の発見

遺伝の法則を正しく発見したのは、19世紀オーストリアのメンデルさんだ。

この人は本業は学者ではなく、キリスト教の司祭だったんだけど、自力で植物学の研究をしたんだよ！

1930年度 生理学・医学賞

カール・ラントシュタイナー

君は自分の「血液型」がいえるかな？

O
A
B
AB

1900年　ABO式の血液型の発見

1937年　血液型のRh因子の発見

今日のことば

遺伝
（お父さんとお母さんのもっている性質が、こどもへと伝わること。お父さんとお母さんも、おじいさんとおばあさんから、性質を受けついでいる）

クイズのこたえ　45ページのこたえ　③13種類（ビタミンBだけでも4種類もあるんだ）

遺伝のカギをにぎる!!! 染色体の研究

細胞

核

拡大

染色体

1933年度 生理学・医学賞

トーマス・ハント・モーガン

遺伝は、「遺伝子」というものが親から子へと伝えられることによって起こるんだ。じゃあ、遺伝子ってどこにあるんだろう?

生物の体を形づくる「細胞」の中には、「核」という器官がある。その中をさらにのぞくと、「染色体」という物質がある。アメリカ合衆国のモーガンは、この染色体の上に遺伝子があることを見抜いた。あらゆる細胞の中に、遺伝子は入っているんだ。

もっとまめ知識FILE

モーガン

メンデルが考え、1909年に「遺伝子」と名づけられていたものが、実際に存在することを発見。

ラントシュタイナー

1908年に、ポリオという病気が「ウイルス」によるものであることも解明した。

▲長いひも状のDNAという物質が、折りたたまれて染色体になっている。染色体とはDNAだったのだ。このDNAのごく一部が、遺伝子である。

はみだしクイズ メンデルは、どんな植物で遺伝の研究をした? ①エンドウマメ ②ホウレンソウ ③キャベツ

今日のことば

「私は人間を愛しています。私には、人間は何よりも人間であり、つまり、友であるということです」

（フレデリック・ジョリオ＝キュリーの言葉）

クイズのこたえ　47ページのこたえ　①**エンドウマメ**　（趣味として、エンドウマメを育てて研究していたんだよ）

◆放射性元素

この地球上には、物質を形づくる原子の種類である「元素」が、100以上存在する（人間がつくり出したものを含めて）。
この元素の種類は、原子核の中にある「陽子」（25ページ）の数によって、それぞれ決まってくる。
そして元素の中には、陽子と中性子のバランスが悪いため、「放射性崩壊」（24ページ）を起こして放射線を出すことで、より安定した状態になろうとするものがある。これが「放射性元素」だ。ベクレルやキュリー夫妻、ラザフォードたちが研究していたのは、この放射性元素なんだね！

◆人工放射性元素

フランスのジョリオ＝キュリー夫妻は、安定した元素の原子核にとても小さな粒子をぶつけて、「核反応」を引き起こし、人工的に放射性元素をつくることに成功した。これが「人工放射性元素」だ。
現在は、「原子炉」や「加速器」といった装置で、多くの人工放射性元素がつくられている。

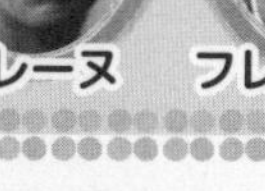

フレデリック　イレーヌ

はみだしクイズ　最初の人工放射性元素をつくるときに使われたのは？　①アルミニウム　②マグネシウム　③ラジウム

こどもノーベル賞新聞

スクープ特集

時代はファシズムへ……

怖〜い「ファシズム」の嵐の吹き荒れる時代がやってきた。

イタリアでは1920年代からムッソリーニのファシスト党が、ドイツでは1930年代からヒトラーのナチスが、独裁体制（権力を握る者が政治を勝手に動かすしくみ）をつくった。

ムッソリーニもヒトラーも、国のために国民の権利を奪うような、強引な政治をした。でもそれぞれの国の多くの国民は、「彼らこそ、自分たちを救ってくれる偉大なリーダーだ」と信じ、熱く支持したんだ。こういう政治の体制を、ファシズム（全体主義）というよ。

ノーベル賞とその受賞者も、こういう時代から影響を受けることに……。

今日のことば

ファシズム（全体主義）
（国全体の利益のために、個人の権利を奪い、強い権力をもったリーダーが勝手に政治を動かしていくような社会の体制）

クイズのこたえ　49ページのこたえ　①アルミニウム　（安定した原子に、アルファ粒子というものをぶつけてつくった）

そのころ日本は……

日本はそのころ中国東北地方に進出し、「満州国」という日本のいいなりになる国をつくった。これは事実上、中国への侵略だ。

これを外国から責められ、日本は孤立した。

ファシズムと闘ったノーベル賞受賞者たち

ファシズムに支配された国にも、そんな体制に反対する人がいた。ノーベル賞受賞者にも何人もいるよ！

トーマス・マン

【1875 ～ 1955】

ドイツの小説家。高原の療養所での青年の心の成長を描いた『魔の山』などで、高い評価を得た。1933年にドイツでナチスが政権を握ると、スイスやアメリカ合衆国に渡って創作をつづけながら、「ナチスは危険だ！」と訴えた。

カール・フォン・オシエツキー

【1889 ～ 1938】

ドイツのジャーナリスト・平和運動家。第一次世界大戦（33ページ）に負けたドイツは、軍隊をもってはいけないことになっていたが、ナチスは勝手に軍隊をつくっていた。オシエツキーはそのことをあばき、反対した。

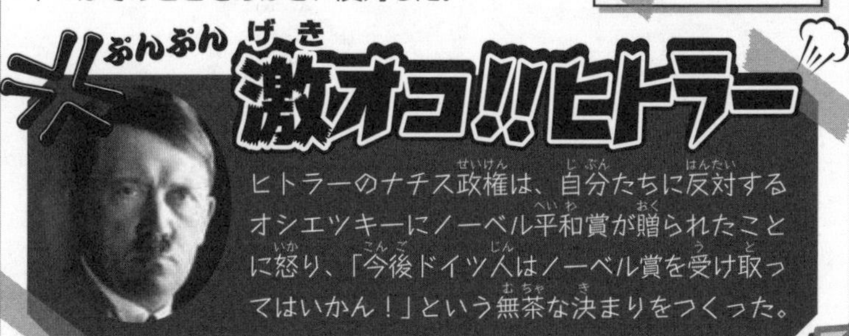
激オコ!! ヒトラー

ヒトラーのナチス政権は、自分たちに反対するオシエツキーにノーベル平和賞が贈られたことに怒り、「今後ドイツ人はノーベル賞を受け取ってはいかん！」という無茶な決まりをつくった。

ユダヤ人亡命計画

命からがら

ドイツのナチス政権は、ユダヤという民族の人たちを迫害した。ユダヤ人の優秀な科学者たちは、命の危険から逃れるため、大勢がイギリスやアメリカ合衆国に亡命した。アインシュタイン（36ページ）など、ノーベル賞受賞者も多い。

はみだしクイズ　マンの『魔の山』の舞台はどの国？　①ドイツ　②スイス　③ベルギー

こどもノーベル賞新聞

スクープ特集

第二次世界大戦

とってもおかしなウワサが、あちこちでささやかれているわ……。あのナチス・ドイツのアドルフ・ヒトラーが、何と、1939年度のノーベル平和賞の候補になっているというのよ！

ヒトラーは、ドイツ国内で独裁政治を行い、自分に反対する人たちをひどい目にあわせたり、ユダヤ人を苦しめたりするだけでなく、よその国を軍隊の力でむりやりドイツに吸収しようとしているわ。こんな人に平和賞なんて、どういうこと⁉

「『戦争はしないでね』というヒトラーへのメッセージだろう」「いや、平和を壊そうとしているヒトラーへの皮肉だ」など、いろんな説があるみたい。

今日のことば

「私は理想を捨てません」
（ナチスのせいで強制収容所に連れて行かれて亡くなった、ユダヤ人の少女アンネ・フランクの言葉）

1939年 第二次世界大戦はじまる

ヨーロッパの戦争

第一次世界大戦（33ページ）に負けたあと、何とかまた強い国になろうとファシズムの体制になったドイツとイタリア（枢軸国側）は、ほかの国々（連合国側）と対立した。

そして1939年の9月、ドイツ軍がポーランドに攻め込むと、イギリスとフランスは「もう黙っていられない」といって、ドイツと戦争をすることに決めた。ここから第二次世界大戦がはじまった。

第二次世界大戦では、戦車や飛行機といった強力な兵器が用いられ、たくさんの犠牲者が出た。また、ドイツ国内やドイツの支配化に入った国々などからは、たくさんのユダヤ人が、「ユダヤ人だから」というだけの理由で、アウシュヴィッツなどの「強制収容所」へ送られ、虐殺された。

戦争は最初はドイツが優勢だったが、ソ連やアメリカ合衆国が敵に回ると、枢軸国側は負けつづけるようになる。ムッソリーニは1943年に権力を失い、イタリアは戦争をやめる。1945年、ムッソリーニが殺され、ヒトラーも自殺してドイツが戦争に負ける。連合国側が勝ったんだ。

アジア・太平洋の戦争

アジアに領土を広げようと考え、1937年から中国と戦争をしていた日本は、枢軸国側に立った。1940年にはドイツ・イタリアと三国軍事同盟を結んでいる。

そして日本は、中国から手を引くよう呼びかけるアメリカ合衆国とも、戦争をすることを決めた。1941年12月8日、日本軍は突然、アメリカの領土であるハワイの真珠湾を攻撃。太平洋戦争がはじまる。

日本は東南アジア方面へ軍を進め、太平洋でアメリカと戦った。

日本は「ヨーロッパやアメリカに支配されているアジアを解放するための戦争だ」と主張していたけれど、アジアの人たちにも大きな迷惑をかけることになった。

不利な戦争に駆り出された兵士たちは、食糧や医療品なども足りなくて、とてもつらい思いをした。また日本国内の国民も、物資の不足やアメリカ軍の空襲（飛行機から爆弾を落としたりする攻撃）に苦しんだ。

1945年には、アメリカ軍が沖縄に上陸。日本軍とアメリカ軍との沖縄戦は、一般の人たちも大勢まきぞえにしてしまった。

はみだしクイズ ヒトラーは若いころ、何をめざしていた？ ①画家 ②音楽家 ③詩人

こどもノーベル賞新聞

1945年 原子爆弾と第二次世界大戦の終結

広島 長崎 原子爆弾投下

広島　原爆ドーム

長崎　浦上天主堂付近の焼け野原の写真

日本が無条件降伏

第二次世界大戦終結

1945年8月6日、日本の広島に、アメリカ合衆国のつくった原子爆弾（原爆）が落とされた。原爆は数年前から、優秀な科学者たちの手で開発が進められていたが、戦争に直接使われたのは広島がはじめてだった。8月9日には、長崎にも原爆が投下された。

原子核の分裂という現象を利用して大きなエネルギーを引き出す原爆は、一瞬で町を破壊し、人の体に有害な放射線を浴びせる。放射線の影響は長いあいだ残る。こんな兵器を使われては、明らかに日本に勝ち目はなかった。8月14日に日本は連合国側に降伏を伝え、15日に国民に発表した。こうしてとうとう、第二次世界大戦は終わった。

今日のことば

「誰かが覚えていなければならない。そして、誰かがきちんと言う必要があるのです」
（日本の映画監督、黒澤明の言葉）

クイズのこたえ　53ページのこたえ　①画家　（芸術の道に進めばよかったのにね……。ただ、腕前はイマイチだった）

原子爆弾の開発 マンハッタン計画と科学者たち

第二次世界大戦中に、アメリカが原子爆弾を開発した、「マンハッタン計画」。ノーベル賞受賞の科学者たちもかかわった。しかし、大勢の人の命を奪う原爆の開発に、疑問を抱いたり、反対したりした人も多かった。

オットー・ハーン

【1879〜1968】

1944年度 化学賞

ドイツの化学者。原子核分裂（原子の中の原子核が分裂する現象）を発見。

アインシュタイン

1921年度 物理学賞（36ページ）

質量とエネルギーとの関係についての原理を発見。その公式によって、原子核分裂のときに生じるエネルギーが桁外れのものだとわかった。

じつは ドイツでも原爆の開発計画があった……

ヴェルナー・ハイゼンベルク（43ページ）など、優秀な科学者たちを集めて研究するも……

ヒトラーに理解されず 1942年 中止

　マンハッタン計画の科学者たちの中には、ドイツが原爆開発をやめたのを知って、「それなら私たちももう、こんな怖い兵器をつくる必要はないじゃないか」という人もいた。

　しかしアメリカの軍や政治家は、「今原爆をつくっておけば、戦争後の世界でアメリカが有利になる」と考え、開発をつづけさせた。

　第二次世界大戦のあとは、アメリカとソビエト連邦（ソ連）で原子爆弾や水素爆弾（核兵器）の開発を競い、対立がつづく「冷たい戦争」（冷戦）の時代がはじまる……。

これらの理論をもとに、優秀な科学者たちを集めて

1942年 マンハッタン計画始動

原子核分裂の恐ろしい力を利用した爆弾を、ナチス・ドイツよりも先につくらなければならないと、研究を進めた。

ロバート・オッペンハイマー
研究所長

ニールス・ボーア
1922年度 物理学賞

エンリコ・フェルミ
1938年度 物理学賞

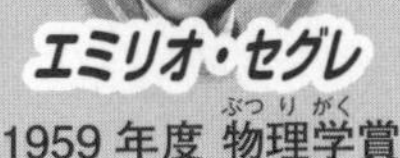

エミリオ・セグレ
1959年度 物理学賞

リチャード・ファインマン
1965年度 物理学賞

ジョン・フォン・ノイマン
➡ 117ページ

ハンス・ベーテ
1967年度 物理学賞

1945年 原子爆弾 完成

はみだしクイズ 「マンハッタン」とは何のこと？　①街の名前　②川の名前　③人の名前

感染症対策は抗生物質の時代へ!!!

動物から人へ、人から人へとうつっていく「感染症」。第二次世界大戦のころに、その治療法が進歩したっスよ～！（葉尻 翔）

こどもノーベル賞新聞 スクープ特集

新しい時代の医療

ゲルハルト・ドーマク
【1895～1964】
ドイツの病理学者・細菌学者・医師

1939年度 生理学・医学賞

エールリヒのアイディアをよみがえらせ、病気の治療に効果のある化学合成剤「サルファ剤」を開発。1939年度ノーベル生理学・医学賞の受賞が決まったが、当時のナチス政権が「ドイツ人はノーベル賞をもらってはいけない」と決めていたため（51ページ）、このときはしかたなく辞退。戦後の1947年に、賞状とメダルを受け取った。

パウル・エールリヒ
【1854～1915】
ドイツの細菌学者
1908年度 生理学・医学賞
➡22ページ

「病原体となる微生物のみを殺す化学物質がつくれるのではないか」というアイディアを出す。

大転換

抗生物質ペニシリン発見!!

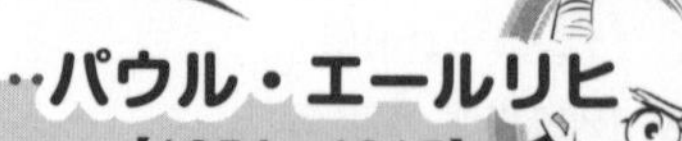

1945年度 生理学・医学賞

アレクサンダー・フレミング
【1881～1955】

青カビからペニシリン

1928年にイギリスの細菌学者フレミングが発見したペニシリンが、世界ではじめて見つかった抗生物質っス。じつはフレミングは、青カビからペニシリンを発見したんス。カビが薬になるなんて、面白いっスね！

ペニシリンは1940年代、第二次世界大戦で広く使われ、大勢の兵士たちの命を救ったっス。戦後には、一般の人の手にも渡るようになったっス。現在では、多くの種類の抗生物質が、感染症の治療に用いられているっスよ～！

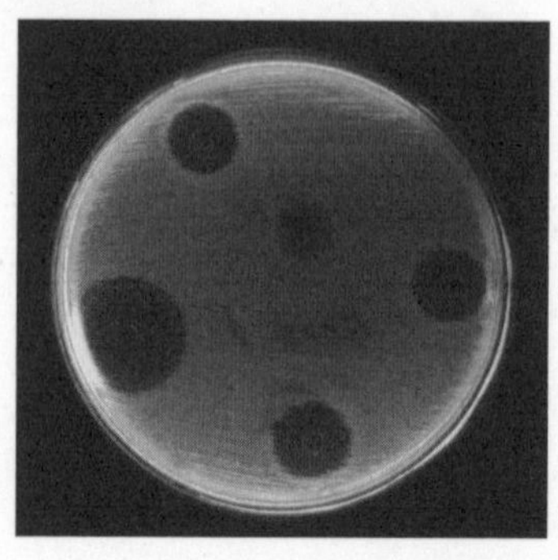

▶ペトリ皿の中に、いくつか丸い模様が見えるっスよね？この部分は、抗生物質のおかげで細菌が繁殖していないんスよ。

今日のことば

抗生物質（病原体となる細菌などが増えるのを止めたり、はたらきを邪魔したりする薬になる、微生物から生み出された物質）

ウイルスにも負けないゾ

ウイルスは、細菌よりもずっと小さな病原体。膜の中に「遺伝情報」（生物が自分の細胞をつくったり増えたりするために必要な情報）が入っているだけなんだ。自分の力では増えることができないが、ほかの生物の細胞の中に入り、その細胞をだまして自分のコピーをつくる。

だんだんとウイルスの実態がわかり、ウイルスを病原体とする病気にも、対策がとれるようになってきたよ。

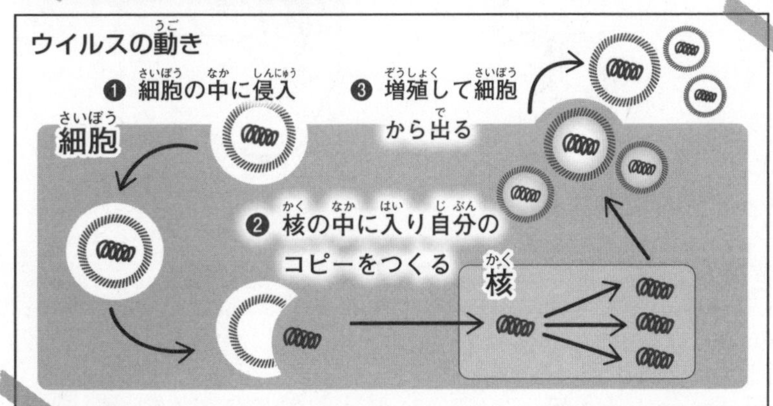

ウェンデル・スタンリー

1946年度 化学賞

【1904〜1971】

アメリカの生化学者

タバコモザイクウイルスの研究を行い、ウイルスがどういうものかを解き明かした。

マックス・タイラー

1951年度 生理学・医学賞

【1899〜1972】

南アフリカ共和国のウイルス学者

黄熱病が細菌ではなく、ウイルスによるものだとつきとめ、黄熱病のワクチンをつくった。

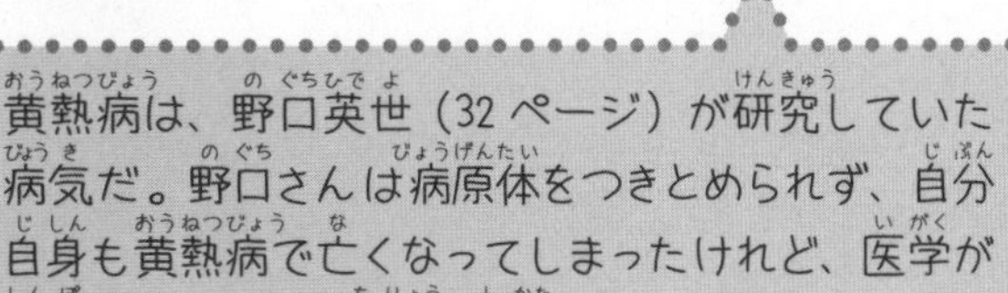
黄熱病は、野口英世（32ページ）が研究していた病気だ。野口さんは病原体をつきとめられず、自分自身も黄熱病で亡くなってしまったけれど、医学が進歩して、やっと治療の仕方がわかったんだ。

ワクチンってなに!?

病原体が体の中に入ると、体がその病気と闘って、病気をやっつける「抗体」をつくる（23ページ）。

このしくみを利用して、抗体をつくるために弱めた病原体を体内に入れるのが、「ワクチン」だ。

エドワード・ジェンナー

【1749 〜 1823】

天然痘予防の研究からワクチンを開発。

はみだしクイズ　フレミングの趣味は？　①楽器の演奏　②絵を描くこと　③長距離走

こどもノーベル賞新聞

物理学賞

1949年度

湯川秀樹
とても小さな世界に「中間子」があると予測。

【1907〜1981】

「きゃー、湯川さんよー!」
「湯川さん、握手してください‼」
「こっちを向いて〜」

日本中が、湯川秀樹のノーベル物理学賞受賞にわき返っている!

湯川さんはまだ若々しくてさっそうとした、日本を代表する物理学者だ。

彼は10年以上前に、「原子よりも小さい世界には、中間子というとても小さな粒子がある」と予測していた。戦後になってから、その予測が正しいとわかったので、ノーベル賞が贈られた。

敗戦のため、苦しい生活を送っていた日本の人々は、「日本人でもやれるんだ!」と、とても勇気づけられたんだよ。

今日のことば

「アイディアの秘訣は、執念である」

(湯川秀樹の言葉。ひらめきを生むためには、そのことについてねばり強く考えつづけることが大事だ、っていう意味だよ)

クイズのこたえ　57ページのこたえ　②絵を描くこと　(何と、細菌を使って絵を描いたりもしていた!)

湯川さんの考えた中間子が素粒子の世界の扉を開く!!

この世界の物質をつくっている原子は、昔はそれ以上細かくは分割できないものだと思われていた。だけど、原子の中に「電子」と「原子核」が見つかり、さらに、原子核は「陽子」と「中性子」とが組み合わさってできていることがわかった。さあ、ここからが湯川さんの出番！

原子
電子
陽子
中性子
原子核
電子
1911年、ラザフォード（24ページ）が原子の中に発見。
1932年、チャドウィック（1935年度物理学賞）が原子核の中に発見。

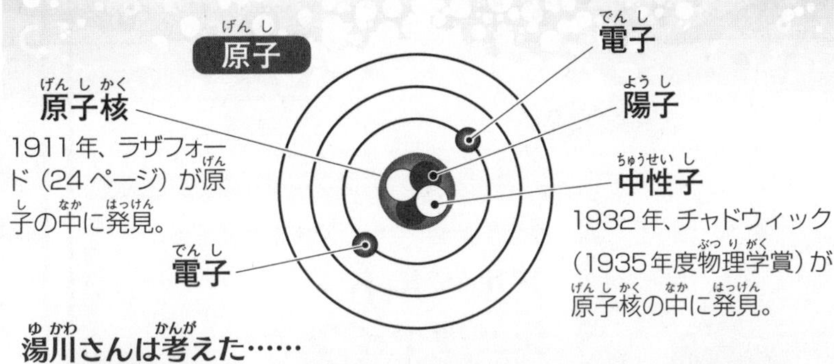

湯川さんは考えた……

どうして原子核の中で、陽子と中性子はくっついているんだろう？

それでひらめいたアイディアが

中間子だ!!

中間子

中間子

キャッチボールをつづけるために近くにいる

湯川さんは、陽子と中性子は、おたがいのあいだで「中間子」という小さな粒子をキャッチボールしていると考えた。あんまり離れると、ボールを投げても届かなくなってしまう。キャッチボールをつづけるために、陽子と中性子は近くにくっついているんだ。

湯川さんが考えた「中間子」は1947年、イギリスのセシル・パウエルによって本当に発見された。その後、湯川さんは1949年に、パウエルは1950年にノーベル賞を受賞した。

さらに、陽子や中性子はもっともっと小さい「クォーク」という「素粒子」（それ以上細かく分割できない粒子）でできていることがわかるようになるんだけど（85ページ）、このクォーク同士は、「グルーオン」という素粒子をキャッチボールすることでくっついている。湯川さんの考えは素粒子の世界の謎を解くカギになったんだ！

アインシュタインに憧れて

1922年に来日したアインシュタインの講演会に、まだ学生だった湯川秀樹は足を運んだ。この講演会には、のちに湯川さんとライバルになる朝永振一郎（80ページ）も行ったんだよ。日本を代表する物理学者たちは、世界の先輩に憧れて、学問の道に進んだんだね。

はみだしクイズ　湯川さんがこども時代から青年期をすごしたのは？　①東京　②京都　③ニューヨーク

平和賞

1952年度

アルベルト・シュヴァイツァー

フランスからアフリカに渡り、医療に従事した。

【1875～1965】

今日のことば

生命への畏敬

（シュヴァイツァーの言葉。あらゆる生き物の命を、大事にしてうやまうこと。シュヴァイツァーは、川でカバの群れを見たとき、生命への畏敬を強く感じたというよ）

クイズのこたえ　59ページのこたえ　②京都　（東京生まれ京都育ち、京都帝国大学〈現在の京都大学〉に通ったよ）

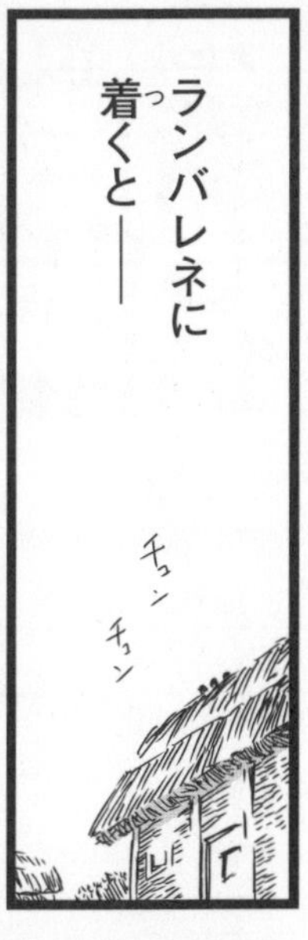

はみだしクイズ　シュヴァイツァーがとくに好きだった作曲家は？　①バッハ　②モーツァルト　③ベートーヴェン

新しい顕微鏡をつくる

こどもノーベル賞新聞

物理学賞

スクープ特集 新しい顕微鏡を発明!!

1590 顕微鏡の発明

17世紀なかば 顕微鏡で細胞などを見るようになる

1931 ルスカとクノール電子顕微鏡を開発

同じころゼルニケが位相差現象を発見

位相差顕微鏡

1953 ゼルニケ物理学賞受賞

もともと顕微鏡は、小さなものに光を当て、その光をレンズで屈折させて、見やすく拡大された像をつくる装置。その発明は意外に古く、16世紀末までさかのぼる。20世紀に科学が進歩して、「もっと小さなものをきれいに見たい!」という欲求が高まると、性能のよい顕微鏡が開発されていったよ。光のかわりに電子を使う、電子顕微鏡も発明された。

光学顕微鏡

鏡筒
接眼レンズ
アーム
対物レンズ
レボルバー
クリップ
調節ねじ
ステージ
しぼり
反射鏡

光学顕微鏡は、光をレンズで屈折させることで、小さなものを大きく見えるようにする。

位相差顕微鏡

光は波の性質をもつ。それを利用して光学顕微鏡を改良したものが、ゼルニケの位相差顕微鏡だ。

光学顕微鏡では、無色透明なものを観察するときは色をつけたりしなければいけなかったが、位相差顕微鏡ではその必要がない。生きたままの微生物なども観察できるようになった。

1953年度 物理学賞

フリッツ・ゼルニケ
【1888～1966】

今日のことば

顕微鏡（私たちの体をつくっている細胞や、細菌などの微生物といった、肉眼では見られないほど小さいものの像を、大きくして見ることができる道具）

クイズのこたえ 61ページのこたえ ①バッハ (バッハの音楽を研究する本も発表したんだ)

電子顕微鏡はおいくらなのっ!?

みんなも光学顕微鏡は、学校で使ったことがあるかな。でも、電子顕微鏡は、とても精密な装置で、大学や企業の研究室に行かないと見られないかもね。

精密につくられた機械なので、買おうとすると、ものすごくお金がかかる。数百万円から、高価なものだと数億円もするんだって！

小さな世界を見るために!!

どれどれ～？

1986

電子顕微鏡の改良 ウイルスも見えるように

ルスカ 物理学賞受賞

ビーニッヒと ローラーも 走査型トンネル 顕微鏡で受賞!!

1986年度 物理学賞
ゲルト・ビーニッヒ
【1947 ～　　　】

1986年度 物理学賞
ハインリッヒ・ローラー
【1933 ～ 2013】

電子顕微鏡

電子銃
収束レンズ
試料
対物レンズ
投射レンズ
電子レンズ（コイル）
蛍光スクリーン

ルスカらの開発した電子顕微鏡は、観察したいもの（試料）に光を当てるかわりに、電子を当てる。その電子の流れを、電気を使った「電子レンズ」で曲げることにより、とても小さなものも大きく見えるようにする。いってみれば、光学顕微鏡の光とレンズを、電気の力に置きかえることで、性能を高くしたんだ。性能は、理論的には従来の光学顕微鏡の 1000 倍！

さらに 1981 年には、ビーニッヒとローラーが「走査型トンネル顕微鏡」を発明。先端を原子くらいの細さにした針で試料の表面をなぞり、原子レベルの凹凸を観測できる、すぐれた装置だ。この発明がノーベル物理学賞を受賞するとき、それまで受賞していなかったルスカも、いっしょにノーベル賞を受賞した。もっと早くてよかったはずなんだけどねっ!!

1986年度 物理学賞
エルンスト・ルスカ
【1906 ～ 1988】

はみだしクイズ　電子顕微鏡でしか見られないものは？　①ミジンコ　②乳酸菌　③ウイルス

こども ノーベル賞 新聞

文学賞

スクープ特集

ウィリアム・フォークナー【1897～1962】
アーネスト・ヘミングウェイ【1899～1961】

アメリカが世界に誇るふたりの小説家が、第二次世界大戦のあと、ノーベル賞を受賞した。フォークナーとヘミングウェイだ。

作風はまったくちがうけれど、ふたりとも、すばらしい文章でスケールの大きな小説を書く、偉大な小説家だよ。

ファンの人たちの声を聞いてみよう。

「フォークナーのあの長くてかっこいい文章が、たまらないんだよな～。読みごたえがあるよ」

「私はヘミングウェイの、短くて切れ味のいい文章が好き。読みやすくて、場面が目に浮かぶもの」

君はフォークナー派かな？　それともヘミングウェイ派かな？

今日のことば

「詩人の声は、ただ人間の記録であるばかりでなく、人間の忍耐と勝利の支えとも柱ともなりうるのです」
（フォークナーの言葉）

クイズのこたえ　63ページのこたえ　③ウイルス　（電子顕微鏡のおかげで、ウイルスの研究も進んでいくよ）

フォークナーは、自分の故郷であるアメリカ合衆国の南部に架空の町をつくって、そこを舞台にした小説を書きつづけた。

南部で生きる人々の中に、アメリカの歴史が流れ込んでいるようすを、小説で壮大に描き出したんだ。

「土地の歴史と現在の人間」をテーマに、複雑な手法で小説を書いたフォークナーは、20世紀の世界の文学に大きな影響を与えた。

ノーベル賞作家の中にも、フォークナーのファンは多い。コロンビアのガルシア＝マルケス（1982年度受賞、100ページ）、日本の大江健三郎（1994年度受賞、110ページ）、中国の莫言（2012年度受賞）など、すごい小説家たちがフォークナーを尊敬している。

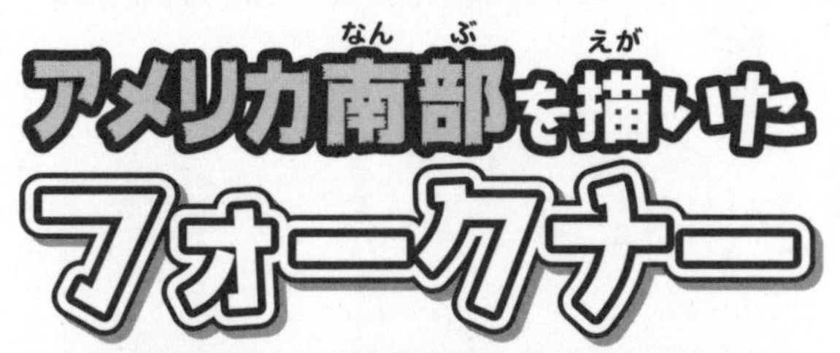

ヘミングウェイは、第一次世界大戦やスペイン内戦（1936～1939年）などにも積極的にかかわり、その体験を小説にいかした作家だ。彼の作品は、映画の本場といわれるハリウッドで映画化されているよ。

スペイン内戦に国際旅団として参加（中央）
写真：ドイツ連邦写真アーカイブ

2度つづけて飛行機事故にあっても、奇跡的に生き残った。ケガをして、ノーベル賞の授賞式には出られなかったけどね……。

多くの人が、彼の冒険的な生き方に憧れた。「強い男性」のお手本のようにも思われていたんだ。

コラム ハードボイルドとは

ヘミングウェイの小説の特徴は、いっさいムダのない短い文章。固くゆでた卵にたとえて、「ハードボイルド」と呼ばれた。

感情に流されずに行動する人の、性格や生き方を指す言葉としても使われる。君のまわりには、ハードボイルドな人はいるかな？

はみだしクイズ ヘミングウェイの『老人と海』は、何の話？ ①漁師 ②水兵 ③冒険家

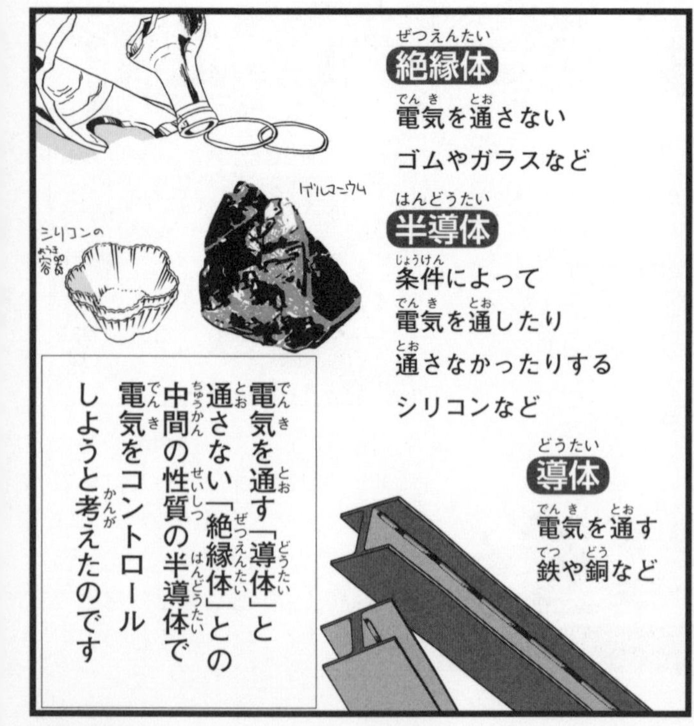

今日のことば

「私はけっしてあきらめない男だ」

（ショックレーの言葉。トランジスタの開発がうまく進まなかったときも、ショックレーはあらゆる可能性をさぐり、ねばり強く努力しつづけた）

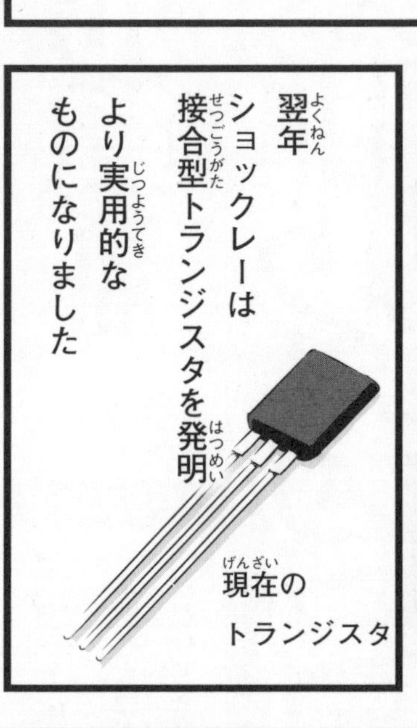

はみだしクイズ　次のうち、ノーベル賞を2度もらったのは？　①ショックレー　②バーディーン　③ブラッテン

こども ノーベル賞 新聞

文学賞

1957年度

アルベール・カミュ

世界と人間との新しいかかわり方を文学で追求。

【1913〜1960】

今日のことば

不条理（理屈や道理に合っておらず、常識が通用しないこと。意味がわからないこと。カミュは、「この世界の現実には、究極的には意味はない」という「不条理の哲学」をもっていた）

「今日、ママン（お母さん）が死んだ」——小説『異邦人』は、こんなギクッとする言葉からはじまるの。クールな文章と衝撃的な物語に引き込まれて一気に最後まで読み終えると、深いため息が出たわ……。何てかっこいいの。

さすがノーベル賞ってとこかしら。

題名の「異邦人」は、「よそ者」っていう意味。「おれはこの世界に居場所のないよそ者だ」という孤独を表しているのね……。私にはわかるわ。

作者はアルジェリア出身のフランス人、カミュ。本人もなかなか、かなり、相当いい男ね。太陽のギラギラ照りつける海辺が似合う男……。嫌いじゃないわよ。（ジョアンナ河合）

クイズのこたえ　67ページのこたえ　②バーディーン（1972年に2度めの物理学賞をもらっているよ）

名作劇場『異邦人』

今日、ママンが死んだ

アルジェリアに住むムルソーは、お年寄りの施設に預けていた母親が死んだという知らせを受け取る。彼はお葬式に出席するが、涙ひとつ流さない。次の日には女の人と遊び、何ごともなかったかのように仕事に戻る。「結局、何も変わったことはなかったのだ」とムルソーは考える。

きっと太陽のせいだ

ある日、ムルソーと友だちが浜辺で遊んでいると、別のグループとケンカになる。ムルソーはひょんなことから、相手のひとりをピストルで撃ってしまう。

裁判で理由を聞かれたムルソーは、「それは太陽のせいだ」と答える。ムルソーは誰からも理解されず、死刑の判決を受ける。

世界は不条理だ

ムルソーは、ほかの人たちと同じ道徳を信じられず、「世界は不条理だ」と感じながら生きる人間だ。新しいタイプの主人公に、読者は衝撃を受けた。

友だち？ 天敵？ サルトルとのあれこれ事情

第二次世界大戦中、カミュは哲学者・作家のサルトル（76ページ）と知り合った。戦後には、サルトルの「実存主義」とカミュの「不条理の哲学」が同じようなものだと考えられ、ともに時代を代表する思想家になった。でも本人同士は、政治的な考え方のちがいから、絶交しちゃうんだ……。

カミュ
不条理の哲学
1957年度 文学賞

サルトル
実存主義
1964年度 文学賞辞退

生き方から学ぶ この人の人生

アルジェリア生まれのフランス人

カミュは1913年、アフリカのアルジェリアで生まれた。当時アルジェリアはフランスの領土だったので（1962年独立）、フランス人が多く住んでいた。カミュの家も、何代か前にフランスから移住してきていたんだ。

アルジェリアの海と太陽がカミュを育てた。大人になってフランスへ渡ったけど、彼の魂のふるさとはアルジェリアだったんだ。

コラム

最期は自動車事故

1960年、カミュは友だちの運転する自動車に乗っていて、友だちといっしょに事故死してしまった。

まだたったの46歳、次の小説も書きかけていたのに……。早すぎる死は、世界中から惜しまれた。みんなも、交通事故には気をつけなきゃね。

はみだしクイズ　カミュは小説以外、何が得意だった？　①音楽　②演劇　③美術

で、出た⁉　1961年度のノーベル平和賞を、もう亡くなったはずのハマーショルドが受賞したのである‼

わがはい、ビックリである。

ハマーショルドは、スウェーデン出身の外交官（国同士のつき合いを調整する人）。第二次世界大戦後に設立された国際連合（国連）の、事務総長（事務局の代表）だったのである！

彼は、アフリカのコンゴでの紛争をくいとめようという活動の最中に、飛行機事故で命を落としてしまったのである。本当はノーベル賞は、生きていなければもらえないのだが、受賞発表直前に亡くなったので、特別に死後の受賞になったのである‼（泥門　飢魔暮）

平和賞

1961年度

ダグ・ハマーショルド

国連事務総長として、世界の紛争の解決に努力。

【1905～1961】

今日のことば

国際連合（国連）
（多くの国々が協力し合い、平和を守りながらよりよい世界をつくっていくための組織。第二次世界大戦のあと、「二度と世界大戦を起こしてはいけない」ということで設立）

東西冷戦と国際連合

世界の平和と国際協力のために1945年に発足した国際連合だが、力を発揮できずにいた。第二次世界大戦後、超大国アメリカ合衆国を中心とする「西側諸国」と、もうひとつの超大国ソビエト連邦を中心とする「東側諸国」とが、激しく対立していたからだ。

国際連合の旗とハマーショルド

アメリカは「自由にお金をかせぎましょう」という「自由主義」（資本主義）の国。一方、ソ連は「ものをつくるのももうけを分けるのも、国が管理して平等にします」という「共産主義」の国。

考え方が正反対のアメリカとソ連は、直接相手と戦争をするかわりに、世界のあちこちの紛争に首を突っ込んで、別々の勢力に肩入れして戦わせていた（代理戦争）。このような対立を、「冷たい戦争」（冷戦）というんだ。

そんなときに国連事務総長になったのが、スウェーデン出身のハマーショルド。世界中の紛争を平和に解決しようと、彼は力を尽くしたよ。

	西側諸国	東側諸国
リーダー	アメリカ	ソ連
考え方	自由主義 資本主義	共産主義
仲間	イギリス、フランス、日本など	東ヨーロッパ諸国など

ちょっと!! ガンディーさんにも平和賞あげてよ！

マハトマ・ガンディーは、イギリスの植民地（支配される領土）だったインドを、独立（1947年）へとみちびいた人だ。「非暴力・不服従」（暴力はふるわずに、悪いことに対して抵抗する）の考え方をとり、世界中の植民地独立運動や平和・人権運動に影響を与えた。

じつは、彼は何度もノーベル平和賞の候補になっていた。1948年にも最終候補に残ったんだけど、亡くなっちゃったから受賞できなかったんだ。平和賞にふさわしい人だったんだけどなあ……。

ガンディー
【1869～1948】

1961年 ベルリンの壁がつくられる

第二次世界大戦後、アメリカ・イギリス・フランス・ソ連の4国が、ドイツの領土を分割して管理することになった。そして冷戦がはじまると、戦後のドイツはふたつに引き裂かれていく。

1949年、西側諸国の管理地域がドイツ連邦共和国（西ドイツ）になり、ソ連の管理地域がドイツ民主共和国（東ドイツ）になった。首都だったベルリンも、西ベルリンと東ベルリンに分断された。

やがて、共産主義の東ベルリンから、自由主義の西ベルリンへと逃げ込む人が増えていった。これを防止するため、1961年、東側は境目のところに壁をつくった。これが「ベルリンの壁」だ。東西の行き来はできなくなり、家族と引き離された人も大勢いたんだ。この壁は1989年まで存在した（105ページ）。

建設中のベルリンの壁

はみだしクイズ　国際連合の本部はどこにある？　①ジュネーヴ　②ロンドン　③ニューヨーク

私たちの命の設計図 DNAは二重らせんだった!!

ついに人類は、遺伝を起こす遺伝子の秘密を解き明かした！　これまで、遺伝子は細胞の核の中の染色体にあること、染色体とはひものようなDNA（デオキシリボ核酸）であることがわかっていた（47ページ）。

ワトソン（アメリカ合衆国）とクリック（イギリス）は、このDNAをよりくわしく調べ、「二重らせん構造」になっていることを発見したのさ。今、遺伝子をめぐる、新たな研究が生まれるのさ……！（郭公 付瑠）

こどもノーベル賞新聞 スクープ特集

DNAの大発見

今日のことば

遺伝子
（遺伝に関する情報〈どのように体をつくるか〉を伝えるもの。具体的には、DNAの中のほんの一部に、タンパク質のつくり方を決める部分があって、その部分を遺伝子と呼ぶ

見てごらん、これが僕らのDNAさ……。

DNAを引っぱり出してみよう！
ひも状に見えるのは2本のらせんが「塩基」というものでつながった構造！

染色体

拡大

ちがう種類の塩基がぴったりくっついてふたつのらせんをつなぐ。

拡大

塩基

塩基

塩基のならび方は人によってちがい、「体をどうつくるか」を決めている。

クイズのこたえ　71ページのこたえ　③ニューヨーク（事務局ビル、総会会議場、理事会会議場、図書館がある）

遺伝子のスペシャリスト 2度化学賞受賞

【1918～2013】

フレデリック・サンガー

イギリスのサンガーは、インスリン(40ページ)がどんな構造をしているかを解明して、1958年度のノーベル化学賞を受賞した。だがこれだけじゃない!! 彼はDNAの塩基のならび方(塩基配列)を解読する方法を編み出し、1980年度にも受賞したのさ。

タンパク質をつくっちゃうぜ!

DNAの中の塩基は、アデニン(A)、チミン(T)、グアニン(G)、シトシン(C)の4種類しかない。この4つの組み合わせだけで、「体をどうつくるか」をすべて決めるのさ! DNAの塩基配列のうちのほんの一部が、「体のタンパク質をどうつくるか」の情報になっている。この「遺伝情報」が書き込まれた部分こそが、「遺伝子」の正体さ。

幻の受賞者

ワトソンとクリックの大発見を可能にしたのは、ロザリンド・フランクリン(イギリス)が撮影した、DNAのX線回折写真だった。本来はフランクリンも共同受賞するべきだった。でも、彼女は1958年に亡くなっていた。受賞したのは、彼女のデータをワトソンとクリックに提供した、上司のモーリス・ウィルキンス(イギリス)だった。

はみだしクイズ 塩基のうち、アデニンとくっつくことができるのは? ①チミン ②グアニン ③シトシン

こどもノーベル賞新聞

平和賞

1962年度

ライナス・ポーリング

化学賞と平和賞のふたつのノーベル賞を受賞。

【1901～1994】

今日のことば

「よいアイディアを得る一番の方法は、たくさんのアイディアをもつことである」
（ポーリングの言葉）

「原子爆弾や水素爆弾の実験を行うと、地球が放射線で汚されてしまう。核兵器の実験をやめなさい！」

勇気をもって声をあげた、アメリカ合衆国の化学者ポーリングが、ノーベル平和賞を受賞した。ポーリングは何と、１９５４年度の化学賞につづく２度めの受賞！

アメリカとソビエト連邦は、原子核のエネルギーを利用する核爆弾を競い合ってつくり、実験をくり返していた。強い威力をもつだけでなく、放射線で地球を汚染する核爆弾は、地球上の人類をみんな滅ぼせるほどの恐ろしい兵器だ。勝手に使われないように、みんなで見張らなきゃね！

クイズのこたえ　73ページのこたえ　①**チミン**　（アデニンとはチミンが、グアニンとはシトシンがくっつく）

冷戦と核兵器の時代 核実験をやめよう!!

アメリカとソ連が対立する冷戦（71ページ）の時代、ふたつの超大国は「どれだけ強力な核兵器をつくるか」「どれだけ多くの核兵器をもつか」で競っていた。つくった原子爆弾や水素爆弾を爆発させる実験をして、「うちにはこんなに強い爆弾があるぞ」と見せつけ合っていたんだ。

核爆弾を爆発させると、放射能をもつ物質がちりになり、広い範囲にまき散らされて降ってくる。これを「放射性降下物」という。

きのこ雲
放射性降下物
核実験
地上が汚染される

この放射性降下物からは、生物に有毒な放射線が出る。そして放射線は、無害になるまで長い時間がかかる。地球上の多くの人が、核爆弾の破壊力と、有害な放射線におびえなければならなかった。

ポーリングは放射性降下物の危険を訴え、反核運動（核兵器に反対する運動）を行った。彼の努力のおかげもあって、1963年に「部分的核実験禁止条約」が結ばれる。こうして、核実験を野放しにしないという流れができていくんだよ。

ノーベルしょうちゃん
「げんし爆弾は絶対ダメ！」
作画／絶牙
原子爆弾って怖いよね
そうだよね
え?
爆発したら原始人になっちゃうんでしょ?
ウホ?
まゴリ男は変わんないから平気だろうけど
私はやだなー
…こういうことはちゃんと知っておいたほうがいいと思う…

1962年 キューバ危機

あ、あ、危なかった〜！　あと一歩で、核兵器を使った戦争に世界中が巻き込まれて、人類が滅びてしまうところだったよ!!　そんな大ピンチが、1962年のキューバ危機だ。

ソ連は仲のよいキューバという国に、核ミサイルをもち込んだ。アメリカはそれを知って大あわて。何しろキューバはアメリカのすぐ近くで、そんなところにソ連の核ミサイルがあったら、アメリカ全土がいつでもねらわれてしまう。

アメリカとソ連のあいだで緊張が高まったが、結局、ソ連がミサイルを引きあげることに決め、戦争にならずにすんだ。その後、平和共存の道がさぐられるようになる。「部分的核実験禁止条約」も、そんな試みのひとつだ。

アメリカ合衆国
キューバ

▶キューバの地図（上）と、キューバ危機の際のソ連の潜水艦とアメリカ軍の飛行機（下）。

はみだしクイズ　1954年、アメリカの核実験に巻き込まれたのは？　①日本の飛行機　②日本の電車　③日本の船

こども ノーベル賞新聞

文学賞

1964年度

ジャン＝ポール・サルトル

大きな影響力で時代をリードした文学者・哲学者。

【1905～1980】

今日のことば

「君は自由だ。選びたまえ」

（サルトルの言葉。人間はもともと自由な存在であり、自分が何をするかは自分自身で決めなければならない、ということ）

信じられないことが起きた……。

とても奥深い小説や、面白い戯曲を書く作家で、世界中の人から尊敬される哲学者でもあるフランスのサルトルに、いよいよノーベル文学賞が贈られることが決まった。しかしサルトルは何と、「ノーベル賞はもらいません」といって、断ってしまったんだ！

「ノーベル賞をもらって、神さまのような存在だと思われては困る」というのがサルトルのいい分。深い考えがあって辞退したんだね。

それにしても、もらえるとなったら誰もが喜ぶノーベル賞を、きっぱりお断りするなんて……サルトルさんはやっぱり、ひと味ちがうわあ～!!

名作劇場『嘔吐』

歴史の研究者である青年アントワーヌ・ロカンタンは、身のまわりのものに対して、ふしぎな吐き気を感じるようになる。やがて彼は気づく。世界に意味はなく、むき出しの存在があるばかりだということに……。恐ろしい真理を知ってしまった彼は、どう生きればいいのだろうか？　悩みの中の青春を描いた、とても美しい小説。

「実存主義」が大ブーム!!

サルトルはいった。「どんな人間も、ほかの人とは取りかえられない、かけがえのない存在だ！」「人間は自分の責任で、社会とかかわらなければならない！」

その「実存主義」という哲学は、第二次世界大戦のあと、世界中に広まった。サルトルは時代をリードする思想家として、みんなからとても尊敬されたんだ。

サルトル（右）とボーヴォワール（左）

ほかにもいる!! ノーベル賞を辞退した人たち

レ・ドゥク・ト
【1911〜1990】

おしごと：ベトナムの政治家
辞退年：1973年度 平和賞
辞退理由：ベトナム戦争を終わらせること（停戦）に貢献したとして、平和賞受賞が決まったが、「ベトナムにはまだ平和が訪れていない」と辞退。

ボリス・パステルナーク
【1890〜1960】

おしごと：ソ連の詩人・作家
辞退年：1958年度 文学賞
辞退理由：ソ連の政治体制を批判する内容の小説『ドクトル・ジバゴ』を書いたため、ソ連国内で「ノーベル賞を受賞するな」と圧力を受けた。

ゲルハルト・ドーマク
【1895〜1964】

おしごと：ドイツの病理学者
辞退年：1939年度 生理学・医学賞
辞退理由：当時のナチス政権が、ドイツ人がノーベル賞を受け取ることを禁止したため、いったん辞退（56ページ）。

はみだしクイズ　サルトルがとても苦手だった動物は？　①カニ　②カエル　③ヘビ

こども ノーベル賞 新聞

平和賞

1964年度

マーティン・ルーサー・キング・ジュニア

アメリカ合衆国の中の黒人差別と闘った牧師。

【1929～1968】

今日のことば

「アイ・ハブ・ア・ドリーム」

（キングの言葉。「私には夢がある。いつの日か、すべての人が平等に暮らせる社会をつくりたい」と訴える彼の演説は、歴史的な名演説として知られる）

「皮膚の色で人を差別するなんて、そんなことがあっていいはずがない！」アメリカ合衆国で、アフリカ系の黒人たちが立ち上がった。社会の中で、黒人も白人と同じ人間としての権利をもっていることを主張する、「公民権運動」だ。リーダーのマーティン・ルーサー・キング・ジュニアは、1964年度のノーベル平和賞を受賞した！

「自由の国」と呼ばれるアメリカだが、白人が黒人を奴隷としてあつかい、差別してきた歴史がある。奴隷制度がなくなった19世紀後半以降も、差別は残っていた。

キングは勇敢に差別と闘い、みんなのために社会的平等を勝ち取ったよ。

クイズのこたえ　77ページのこたえ　①カニ　（若いころ、体中をカニがはい回るような幻覚におそわれたせいだって）

アメリカ合衆国の歴史と黒人の人権

1492年 ヨーロッパから来たコロンブスがアメリカ大陸を「発見」
奴隷としてアフリカ系の黒人たちが連れて来られる

1775〜1783年 アメリカ独立戦争

エイブラハム・リンカーン
【1809〜1865】
黒人奴隷を解放したアメリカ大統領。

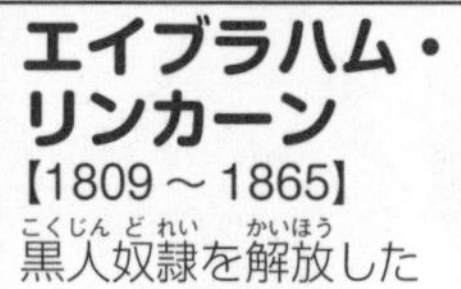

1861〜1865年 南北戦争

1863年 奴隷解放宣言

奴隷制度をめぐって、アメリカの中で北部と南部が戦争。奴隷制度をやめようという北部が勝ち、黒人は奴隷ではなくなる。しかし社会的には、黒人は低い地位に置かれたまま。

1955年 モンゴメリー・バス・ボイコット事件

「バスでは黒人は白人に席をゆずる」という決まりに対して、「そんなひどい決まりにはしたがいません」と抵抗した黒人女性が、警察に逮捕されてしまった。この事件がきっかけで、公民権運動がもりあがる。

1963年 ワシントン大行進、「アイ・ハブ・ア・ドリーム」

リンカーンの奴隷解放宣言100周年を記念して、多くの人がワシントンで平等を訴えて行進。リンカーン記念堂の前で、キングは有名な「私には夢がある」という演説を行う。

1964年 公民権法の成立、キングにノーベル平和賞

1965年 投票権法の成立

黒人の投票権が認められるように！

社会の制度としてだけでなく、ひとりひとりの意識としても、人種や民族・生まれなどによる差別のない世界をつくっていこうね！

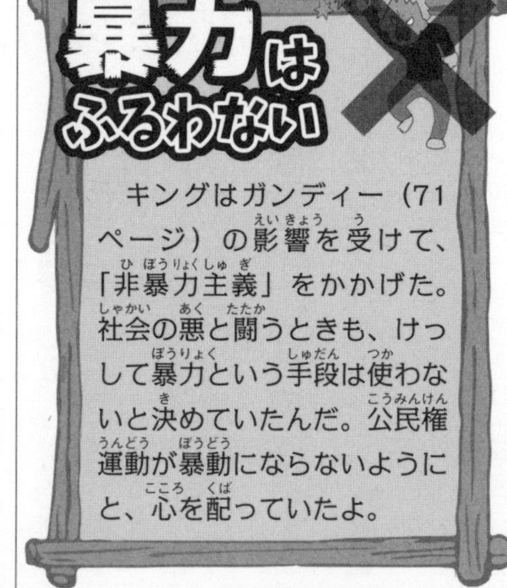

キングはガンディー（71ページ）の影響を受けて、「非暴力主義」をかかげた。社会の悪と闘うときも、けっして暴力という手段は使わないと決めていたんだ。公民権運動が暴動にならないようにと、心を配っていたよ。

はみだしクイズ　アメリカではじめてのアフリカ系黒人の大統領は？　①ケネディ　②ブッシュ　③オバマ

日本の物理学者の朝永振一郎が、量子力学（量子論、42ページ）の大問題を解決しちゃった！

とっても小さいミクロの世界をあつかう量子論。その主役のひとりが「電子」だけど、電子のことを計算しようとすると「無限大」というものが現れて、計算できなくなっていた。

そこで朝永さんは、アインシュタインの相対性理論（37ページ）を取り入れて、うまく計算する方法（「くりこみ理論」）を完成させた。偶然同時期に同じような発見をしていたシュウィンガーとファインマン（アメリカ合衆国）といっしょに、1965年度のノーベル物理学賞を受賞したよ。

こどもノーベル賞新聞

物理学賞

1965年度

朝永振一郎

新しい理論を考案して、量子論を発展させた。

【1906～1979】

今日のことば

「ふしぎだと思うこと、これが科学の芽です」

（朝永振一郎の言葉。）みんなも、身のまわりのことに目を向けてみよう。「これは何だろう」と興味を引かれることはないかな？

湯川秀樹とライバル同士

特ダネだ特ダネだ！　日本人でふたりめのノーベル物理学賞受賞者である朝永振一郎は、何と、ひとりめの受賞者である湯川秀樹（58ページ）と、若いころからの友だちだった!!

朝永さんも湯川さんも、小さいときに東京から京都へやってきて、京都で育った。同じ中学・高校に通い、ともに物理学を志して京都帝国大学（現在の京都大学）へ。戦時中、最新の量子論についてはちゃんとした授業もない中で、助け合って勉強したんだ。

ただ仲がよかっただけじゃないぞ。同じ分野で世界でもトップクラスの研究者へとのぼりつめていくことになるふたりは、最強のライバル同士だった。おたがいに競い合い、高め合っていったんだよ。

博士は落語好き

朝永さんは庶民文化が好きで、学生時代から寄席（落語などの演芸が行われるところ）によく通っていたんだって。

東京教育大学（現在の筑波大学）の教授になってからも、学園祭で落語をひろうしたりしていたよ。ユーモア感覚があって親しみやすい、すてきな人だったんだね。

こんなにすごい!!!! 日本の天才物理学者たち

長岡 半太郎【1865~1950】

1903年に、原子核の周囲を電子が回っているとする、原子の構造モデルを発表（世界でも最先端の理論）。また、世界の物理学を日本に紹介し、多くの弟子を育てた。

仁科 芳雄【1890~1951】

「日本の現代物理学の父」。ヨーロッパに留学したあと、日本の量子論・原子核研究の土台をつくった。朝永振一郎と湯川秀樹にも大きな影響を与えた。

朝永 振一郎【1906~1979】

「時間はいつでもどこでも同じものではない」というアインシュタインの相対性理論を参考に、量子論の未来を開く大事な理論をいくつもつくった。

湯川 秀樹【1907~1981】

1949年度ノーベル物理学賞受賞（58ページ）。「中間子」の存在を理論的に予測して、素粒子論の道を切り開いた。戦後の日本の物理学のスターだ。

はみだしクイズ　朝永さんは、何語の落語をひろうした？　①英語　②フランス語　③ドイツ語

こども ノーベル賞新聞

文学賞

1968年度

川端康成

日本ならではの美しい小説を書き、世界に発信。

【1899～1972】

羽織袴で授賞式

1968年度 文学賞

世界中がうっとり……

川端康成

「あれ？　あの男の人、タキシードじゃないわ。何なのかしら、あの服？」

「あれはキモノよ。日本の伝統的な、正式の服装なのよ」

「へえ～。自分の国の文化を、大切にしてるんだね」

「……あなたもしかして、あの人が誰だか知らないの？　有名な日本の小説家のカワバタさんじゃないの！」

「知らない。日本の小説って、面白いの？」

「何言ってんの！　すぐに読まないと損するよ！」

世界の読者をうっとりさせる、川端康成の小説。川端さんは日本人ではじめて、ノーベル文学賞を受賞した。

今日のことば

「私は日本の『ふるさと』をたずねるような小説を書きたい」

（川端康成の言葉。京都を舞台にした小説『古都』の、新聞連載をはじめるときのものだ）

クイズのこたえ　81ページのこたえ　③ドイツ語（ドイツ語の落語って、聞いてもわかるのかなあ……？）

名作劇場『雪国』

「国境の長いトンネルを抜けると雪国であった」……東京から来た島村は、美しい駒子や葉子と時をすごし、彼女たちの悲しい運命を見つめる。新潟県の温泉地・越後湯沢の雪景色を背景にした、大人の恋愛物語。ストーリーももちろん面白いけれど、その研ぎすまされた文章は、何ともいえない味わいがある。

美しい日本を世界に発信

川端さんは小説の中で、日本ならではの美しさを表現した。その小説は、エドワード・ジョージ・サイデンステッカーというすばらしい翻訳者のおかげもあって、広く世界で読まれることになった。川端さんはノーベル賞授賞式に、日本の正装である羽織袴で出席。「美しい日本の私」という題で講演を行った。

川端 康成

サイデンステッカー
【1921 ～ 2007】

1968年 若者たちの反抗

間違った政治をやめろ

1968年5月、フランスの首都パリで、学生を中心とした人々が、「よくない政治の体制を変えよう！」と運動を起こした。1950年代からつづくベトナム戦争（1975年まで）に介入しているアメリカ合衆国や、東ヨーロッパの国々を支配しているソビエト連邦に対する、若い世代の抗議の運動でもあった。

この「パリ五月革命」は世界中に飛び火して、日本でも「学生運動」がもりあがったよ。若者も真剣に、政治のことを考えていたんだ。

▲東京の学生運動のようす。1968年6月21日、「神田カルチェ・ラタン闘争」の前に、中央大学の中庭で催された集会（写真：Mountainlife）。「現在の政府のやっている政治はおかしい！」と訴える学生たちは、街で機動隊とぶつかることもあった。

はみだしクイズ　芥川賞がほしくて、選考委員の川端さんに手紙を送ったのは？　①森鷗外　②宮沢賢治　③太宰治

こどもノーベル賞新聞

1969年度

サミュエル・ベケット【1906〜1989】

マレー・ゲルマン【1929〜】

ガーン！　何だこりゃ？　こんなヘンテコな演劇、見たことない!!

アイルランド出身のベケットが書いた『ゴドーを待ちながら』は、題名のとおり、ゴドーという人を待っている男たちが、ばかばかしいやりとりをつづけるだけのお芝居だ。登場人物がどういう人なのかもわからないし、結局ゴドーは来ないし、意味不明だぞ！　でも、妙に面白くて笑えるし、何だかわからないけど涙も出てくる……。はじめての感覚！　クセになりそう。

作者のベケットは、何を考えてこんなもの書いたんだろう。もしかしたら天才なんじゃない？　もう、ベケットにノーベル賞あげちゃってください！

今日のことば

「もう一度やれ。もう一度失敗せよ。よりうまく失敗せよ」

（ベケットの言葉。「成功」よりも「失敗」のほうが、人間にとっては大事なのかもしれないね）

クイズのこたえ　83ページのこたえ　③太宰治（「芥川賞をください」という手紙を送ったけど、結局もらえなかった）

マレー・ゲルマン

1969年度 物理学賞

究極の素粒子 クォークの理論

昔は「これ以上細かくは分割できない」と思われていた原子の中に、じつは原子核と電子があり、さらに原子核の中には陽子と中性子があることが、物理学の進歩の中でわかってきていたよね（25、59ページ）。

では、陽子や中性子は、もうそれ以上分割できない、一番小さいものなのかな？　じつはそうじゃないんだ。陽子も中性子も、もっと小さな「クォーク」というものが集まってできているんだよ。

1964年にこの仮説を発表したのが、アメリカ合衆国の物理学者マレー・ゲルマン。彼は1969年度のノーベル物理学賞を受賞した。

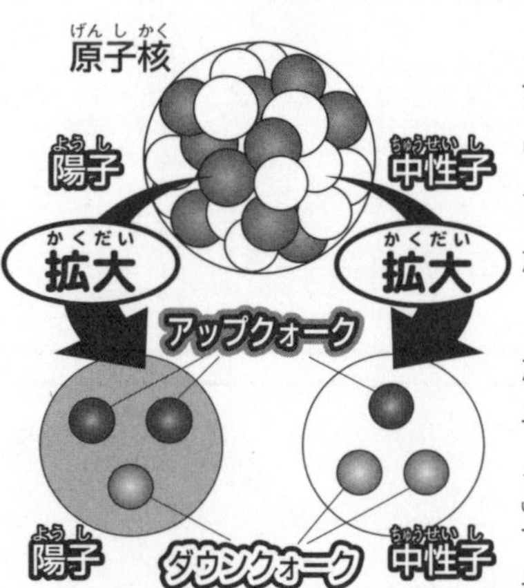

クォークにはいくつもの種類があって、陽子は「アップクォーク」2個と「ダウンクォーク」1個から、中性子はアップクォーク1個とダウンクォーク2個からできている。

じゃあ、クォークももっと細かい何かが集まってできているのかな？……そう考えてしまうけれど、今のところクォークは「それ以上分割できない、一番小さいまとまり」だとされている。そういうものを「素粒子」というよ。

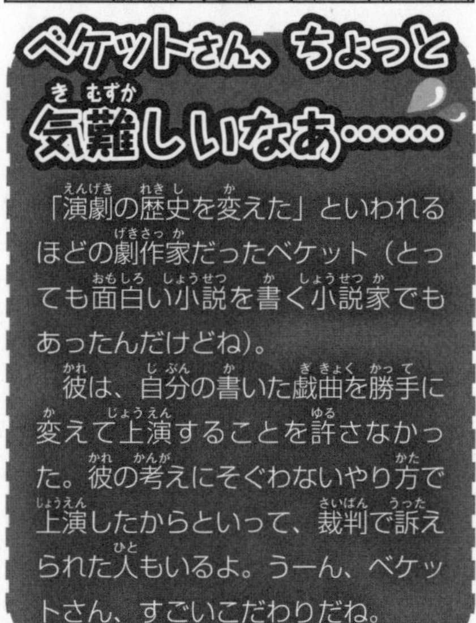

ベケットさん、ちょっと気難しいなあ……

「演劇の歴史を変えた」といわれるほどの劇作家だったベケット（とっても面白い小説を書く小説家でもあったんだけどね）。

彼は、自分の書いた戯曲を勝手に変えて上演することを許さなかった。彼の考えにそぐわないやり方で上演したからといって、裁判で訴えられた人もいるよ。うーん、ベケットさん、すごいこだわりだね。

ベケットとゲルマン意外な接点!!

大スクープ！　ともに1969年度のノーベル賞を受賞したベケットとゲルマンに、思いもかけない接点が見つかりました!!

その接点とは、アイルランドの作家ジェームズ・ジョイス。「ジョイス語」と呼ばれるほど風変わりな英語で小説を書いたジョイスは、ベケットのお師匠さんです。

そして何と、ゲルマンが考えた素粒子の名前「クォーク」は、ジョイスの小説『フィネガンズ・ウェイク』の一節からとられているんです！

ジョイス
【1882～1941】

はみだしクイズ　ベケットが書いたような劇を何という？　①不条理劇　②実存劇　③象徴劇

こどもノーベル賞新聞

経済学賞

スクープ特集

経済学賞がつくられた!!

今日のことば

経済
（私たちの生活のために、ものやサービスがつくられ、提供される。おもにお金がそれらをつなぐ。このしくみが経済だ）

経済学賞メダル表

経済学賞メダル裏

クイズのこたえ　85ページのこたえ　①不条理劇　（奇想天外だけど、とっても面白いんだ）

経済学の宝石箱や〜〜!!

ポール・サミュエルソン

【1915〜2009】

新しくもうけられたノーベル経済学賞。その第2回（1970年度）の受賞者は、アメリカ合衆国の経済学者サミュエルソンだ。

サミュエルソンは、経済学の理論を次から次につくり出した、アイディアの宝庫のような人。現代の経済学に与えた影響はとても大きくて、「もしかしたら、偉大なサミュエルソン先生にノーベル賞をあげるために、ノーベル経済学賞が創設されたのかも」なんていっている人もいるみたい！

ノーベル数学賞はなぜないの!?

ノーベル賞には、新しくできた経済学賞も合わせて6つの部門があるけれど、たとえばどうして「ノーベル数学賞」はないんだろう？

これはウワサだけど、「アルフレッド・ノーベルの恋のライバルが数学者だったせいで、ノーベルは遺言に数学賞のことを書かなかったんだ」という説があるよ。ま、本当かどうかはわからないけどね……。

はみだしクイズ 「経済学の父」と呼ばれるのは？　①アダム・スミス　②ジェレミ・ベンサム　③カール・マルクス

第1条　今までのいきがかりにとらわれてはいけない

第2条　大先生にのめり込んではいけない

第3条　無用な情報にまどわされてはいけない

第4条　自分の主張をつらぬくためには闘うことを避けてはいけない

第5条　あくなき好奇心と初々しい感性を失ってはいけない

＊江崎玲於奈『限界への挑戦』（日本経済新聞出版社、2007年）よりまとめさせていただきました。

こどもノーベル賞新聞

物理学賞

1973年度

江崎　玲於奈

実験によって「量子トンネル効果」を発見・証明。

【1925～　　　】

今日のことば

「科学やビジネスに進歩をもたらすのは、飽くなき挑戦です」

（江崎玲於奈の言葉。挑戦した結果、たとえ失敗しても、いろんなことが学べるんだ）

クイズのこたえ　87ページのこたえ　①アダム・スミス　（18世紀のイギリスの人で、『国富論』を書いた）

世界が驚いた 江崎さんの大発見・大発明

江崎玲於奈は、「量子トンネル効果」の（固体での）発見によって、ノーベル物理学賞を受賞したよ！

量子トンネル効果

ボールを壁の向こうに投げたいとき、それだけのエネルギーを使って投げないと、ボールは壁を乗り越えられず、壁に当たってはね返ってしまう。

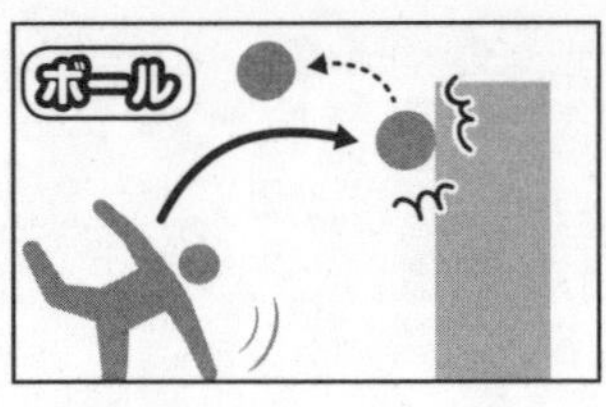

でも、もし「電子」というボールを投げるとしたら、ちがったことが起こるんだ。

量子論では、ミクロの電子は粒子（ボール）の性質だけでなく、波の性質ももつ（42ページ）。波としての電子は、非常に薄い壁を通り抜けて向こう側にも届く。まるでボールがトンネルをすり抜けるようなこの現象が、「量子トンネル効果」だ。江崎さんはこの現象を、固体ではじめて確認したんだ。

エサキダイオード

江崎さんはトンネル効果を利用して、エサキダイオード（トンネルダイオード）という新しい種類のダイオードを発明した。

ダイオードとは、電気の流れを調整する、小さな電子機器のことだよ。

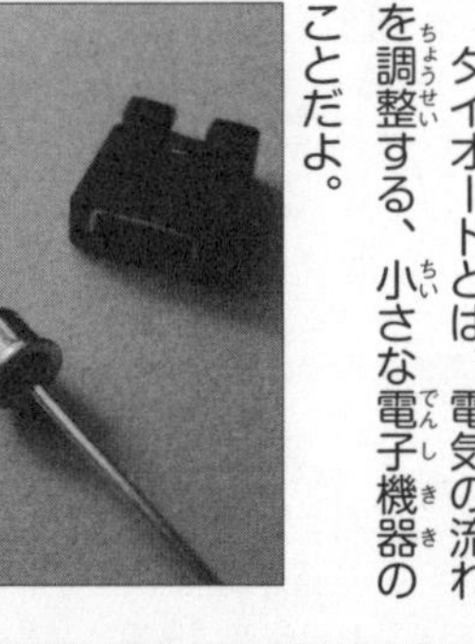

この人の人生 生き方から学ぶ
最先端を切り開く

江崎さんは、「百獣の王ライオンのように自分自身の道を歩め」という思いを込めて「レオナ」（ライオンの意味）と名づけられた。この名前に恥ずかしくないよう、江崎さんはいつも自分の道を、自分で切り開きながら生きてきた。

最先端の物理学である量子論を学んで企業に入り、新しい分野で世界トップレベルの発見・発明をしていった。そして、自分の本当にやりたい研究をやっていける場を求めて、アメリカ合衆国へ渡った。

じつは、ノーベル賞を受賞したあとも、自分の研究をどんどん進めて、「半導体超格子」というものを発明した。この大発明で、もう一度ノーベル賞がもらえるのではというウワサも！

はみだしクイズ　江崎さんがアメリカから帰国したあとに学長になったのは？　①東京大学　②筑波大学　③大阪大学

こどもノーベル賞新聞

平和賞

1974年度

佐藤 栄作

日本人として初のノーベル平和賞受賞。

【1901～1975】

日本の戦後

1974年度、日本の首相（総理大臣）佐藤栄作が、ノーベル平和賞を受賞。これを記念して、第二次世界大戦後の日本の、政治・社会の流れを特集するよ！

1945年 敗戦

日本は「ポツダム宣言」というものを受け入れ、アメリカ合衆国などの連合国側に対して無条件降伏した。つまり、「こちらからはどんな条件も出さずに、負けを認めます」ということだ。こうして太平洋戦争が、そして第二次世界大戦が終わった（54ページ）。

日本は主権（自分たちでものごとを決める権利）を失い、連合国軍に占領される。連合国軍総司令部（GHQ）が日本を統治した。

非合法の「闇市」

1946年 日本国憲法 公布

国民主権、基本的人権の尊重、平和主義、象徴天皇制などを定めた新しい憲法（国の一番大事な決まり）がつくられ、翌年から実際に効力を発揮した。

吉田 茂 首相

【1878～1967】

在任：1946～1947
　　　1948～1954

戦後の日本を立て直した。

1952年 主権回復

1951年に調印されたサンフランシスコ講和条約が発効。日本はまた独立した国になることができた。

1960年 日米安全保障条約

1951年のサンフランシスコ講和条約とともに、日本とアメリカのあいだに、「アメリカ軍は日本に基地を置くかわりに、他国の武力攻撃から日本を守る」という「安全保障条約」が交わされていた。

1960年、日米安全保障条約（安保条約）が結び直されたが、これが戦争への道を開くのではないかと、大きな反対運動が起こった。

安保反対のデモ

岸 信介 首相

【1896～1987】

在任：1957～1960

日本を自立した国にしようと、独自の政治を行う。

今日のことば

「沖縄の返還なくして日本の戦後は終わらない」

（佐藤栄作の言葉。だけど今も、日本国内のアメリカ軍基地の大半が、沖縄に置かれている。これをどうしていくか、考えなきゃね）

佐藤栄作のノーベル平和賞につながる

池田 勇人首相
【1899 ～ 1965】

在任：1960 ～ 1964
日本を経済的な豊かさへと導いた。

高度経済成長

1960年の安保条約は、多くの国民の反対にもかかわらず、結局結ばれてしまう。岸のあとに総理大臣になった池田勇人は、国民の目を経済に向けるため、「所得倍増計画」を発表。

これを受けて、戦後日本の産業は大きく発展し、国民が豊かになっていった。1970年代には、日本は世界的にもお金持ちの国に成長する。

佐藤 栄作首相

在任：1964 ～ 1972
ほかの国々と平和的につきあった。

1972年 沖縄返還

1952年の日本の主権回復後も、沖縄はアメリカに占領されたままだった。

佐藤さんはアメリカと交渉し、沖縄を日本の領土に復帰させた。

非核三原則

「つくらず、もたず、もちこませず」――絶対に戦争をしないと憲法第9条で決めた日本は、核兵器とももかかわりをもたない国でいよう、という原則をつくった。

当たる！ まゆつば商店街福引き
新・三種の神器

日本の神話の「三種の神器」といえば、鏡・まが玉・剣だけど、戦後日本の三種の神器は何だと思う？

白黒テレビ・洗濯機・冷蔵庫？　それは1950年代、古い古い！

60年代後半以降は、カラーテレビ・クーラー・自動車の「3C」だ!!

抽選で1名さまに……あげようかな、やめようかな？

抽選箱

はみだしクイズ　岸信介の孫で総理大臣になったのは？　①麻生太郎　②安倍晋三　③谷垣禎一

こどもノーベル賞新聞

平和賞

1975年度

アンドレイ・サハロフ

身の危険を恐れず人権運動を行った物理学者。

【1921～1989】

1975年度の平和賞は、ソビエト連邦（ソ連）で自由と人権のための活動を行ってきたサハロフが受賞した。

サハロフはもともとソ連の物理学者で、原子爆弾や水素爆弾の開発で大きな成果をあげ、「ソ連水爆の父」と呼ばれる国民的英雄だった。だけど彼は、核兵器の放射線が、地球をひどく汚染することをよく理解していた。

サハロフはだんだん、ソ連の指導者たちに反抗するようになっていく。そして、ソ連の支配体制が人々の権利を奪っていることを、世界に向けて訴えた。このことにノーベル平和賞が与えられたわけだけど、ソ連の体制側は、ますます怒っているみたい……。

今日のことば

反体制運動

（社会がまとめあげられた状態、およびその社会を支配してまとめあげている勢力のことを「体制」という。そして、よくない体制を変えようとする運動が「反体制運動」だ）

ソ連の歴史とサハロフ

1917年 ロシア革命

1921年 サハロフ 生まれる

1922年 ソビエト社会主義共和国連邦（ソ連）成立
共産主義の国家が誕生する。

1924年 レーニン 死去
20年代なかばから、スターリンがソ連の指導者に。体制にしたがわない人は、捕まえられたり処刑されたりした。

1945年 第二次世界大戦の終結
ソ連は東ヨーロッパの国々を支配。アメリカ合衆国を中心とする西側諸国との「冷戦」がはじまる。

1948年 サハロフ 核兵器の開発に携わる

1949年 ソ連最初の原子爆弾の開発

1953年 スターリン 死去
水素爆弾の実験に成功
サハロフは「ソ連水爆の父」と呼ばれるようになるが、放射能汚染を心配して、最高指導者のフルシチョフに核実験中止を訴える。

1956年 フルシチョフのスターリン批判

1962年 キューバ危機 ➡ 75ページ
サハロフは宇宙論や素粒子論を研究しながら、ソ連を民主的な国にしようと、体制を批判する。

1968年 サハロフ「進歩・平和共存・知的自由に関する考察」発表
西側諸国では受け入れられたが、ソ連の体制側はいやがる。サハロフは反体制派として、ソ連の人々の人権を守るため活動。

1975年 サハロフ ノーベル平和賞受賞（ソ連人では初）
ソ連国内では、サハロフは批判される。

1980年 サハロフ 流刑にされる

➡ **1980年代後半 ペレストロイカ（改革）**
ソ連の体制が変わり、サハロフの流刑が解除される。

1989年 サハロフ 死去

1991年 ソ連崩壊（現在のロシアにつながる）

ウラジーミル・レーニン
【1870～1924】
ソ連最初の指導者。

ヨシフ・スターリン
【1879～1953】
意見の合わない相手には罪を着せて厳しい罰を与え、恐ろしい独裁政治を行う。

ニキータ・フルシチョフ
【1894～1971】
スターリンの死後、スターリンの政治を批判した指導者。

ミハイル・ゴルバチョフ
【1931～　】
ペレストロイカを進めた指導者。1990年度平和賞受賞。

1988年に欧州議会は、人権と思想の自由を守るための活動をした人物に授与する、サハロフ賞をつくった。正式名称は、「思想の自由のためのサハロフ賞」。

アウン・サン・スー・チー（106ページ）やネルソン・マンデラ（108ページ）など、ノーベル平和賞をもらうことになる人が、これまで何人も受賞している。

はみだしクイズ　サハロフにちなんで名づけられたのは？　①星　②元素　③物理現象

平和賞

1979年度

マザー・テレサ

インドで貧しい人々を救う活動をした修道女。

【1910～1997】

今日のことば

「暗いと不平をいうよりも、あなたが進んで明かりをつけなさい」

（マザー・テレサの言葉。説明はいらないよね。君はどんな明かりをつける？）

無償の愛で世界を救う

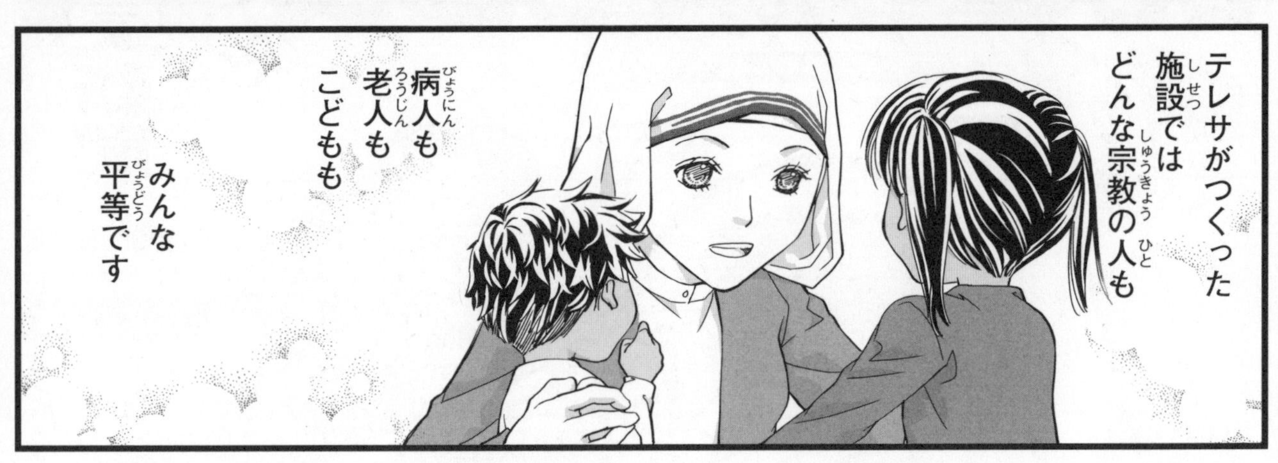

はみだしクイズ　マザー・テレサの出身地は、現在（2016年）では？　①アルバニア　②セルビア　③マケドニア

▲人間の頭部をCTで撮影した画像（写真：ウプサラ大学病院放射線科）。

CTスキャンのしくみ

人間の体の内部がどうなっているかを知るための技術としては、レントゲンの発見したX線（12ページ）があったね。CTスキャンは、X線とコンピュータを組み合わせて、もっといろいろな情報を引き出す発明だ。医療の現場で、たくさんの人の役に立っているよ。

CTスキャン

360度

X線は、皮膚を通り抜けて骨を写し出すことができるけど、ひとつの方向から写すだけなので、細かいところはわかりにくいし、平面的だ。そこで、X線とコンピュータの画像処理技術を組み合わせた、こんな方法が考え出された。

❶ X線を出す装置と受け取る装置が患者さんの体のまわりを回りながら、たくさんのX線写真を撮影する。

❷ 撮影された大量の写真を、コンピュータが情報としてまとめあげる。

❸ まるで体を輪切りにして見ているようなくわしい画像が、コンピュータによって再構成される。

これがＣＴスキャンだ。この装置を実用化できる形で開発したという功績で、イギリスの技術者ハウンズフィールドと、アメリカ合衆国の物理学者コーマックは、1979年度のノーベル生理学・医学賞を受賞した。

今では、体の中を立体的に写し出すこともできるようになっているよ！

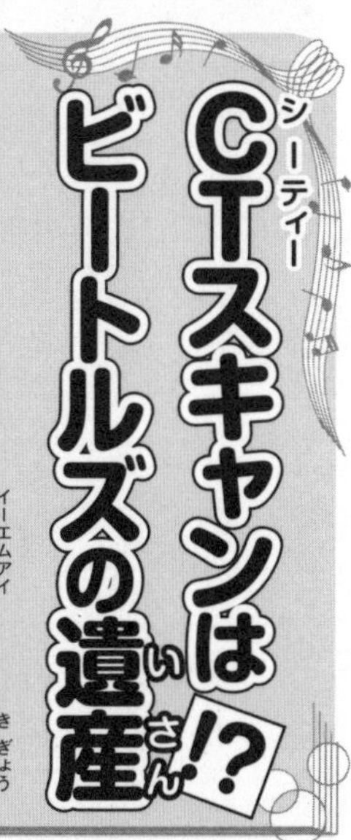

ハウンズフィールドは、EMIという企業の技術者だったんだけど、EMIってじつは、もともと音楽のレコードを出す会社なんだ。

とくにハウンズフィールドが、CTの技術を発明した1968年ごろは、ビートルズというロックバンドが、世界的に大流行していた。CTの開発には、ビートルズがかせいだお金が使われていたんじゃないかな？

ビートルズって!?

1960～1970年に活動した、イギリス出身の4人組ロックバンド。「ロックなんて、うるさいだけの音楽でしょ」と思われていた時代に、芸術性の高い楽曲を次々に生み出した。音楽だけでなく、現代の文化に大きな影響を与えた天才集団。

はみだしクイズ　来日したビートルズが公演した場所はどこ？　①東京ドーム　②日本武道館　③両国国技館

化学反応のしくみを説明

福井謙一

こどもノーベル賞新聞

化学賞

1981年度

福井謙一

化学反応の「フロンティア軌道理論」を発表。

【1918～1998】

ひとりの人間ともうひとりの人間が出会ったとき、思ってもみなかったような、すてきなストーリーがはじまる……。そんなロマンティックな出来事は、化学の世界にもあるんだ。

ふたつ以上の物質が結びついて、別の物質が生まれることを、「化学反応」という。化学反応は、実験室で起きているだけじゃない。私たちの身のまわりでも、遠い宇宙でも、いつでもどこでも起こっているんだ。

日本の福井謙一博士は、その化学反応のしくみを説明する、「フロンティア軌道理論」という考え方を発表した。うーん、かっこいい名前！　ノーベル化学賞にふさわしいんじゃないかな。

今日のことば

「ひとりの人間は、無限の過去、無限の未来とつながっている」

（福井謙一の言葉。今私たちがここにいるのは昔の人のおかげだし、よりよい世界をつくって未来の人に渡さなければいけない）

クイズのこたえ　97ページのこたえ　②日本武道館　（日本でも大人気で、1966年の来日時は大騒ぎになった。イエ～イ！）

自然に親しんで育つ

福井さんは、奈良に生まれて大阪で育った。小さいころは、自然の中で遊ぶことが大好きで、よく昆虫採集をしていたそうだよ。

中学時代は、歴史や文学に強い興味をもったこともある。だけど高校に上がるときには、理科の道に進むことを決めた。

こども時代から自然とふれあってきたことが、その決断の決め手だったんだって。

化学を理屈で説明したい!!

「化学」という学問は、実験が中心になっているようなイメージがある。だけど福井さんは、「化学の世界で起きていることを、理屈で説明できないだろうか」と考え、まだとても若いときに、「フロンティア軌道理論」を発表した。

「物質を形づくる分子のまわりには、電子の回る軌道が、いろいろ存在している。でも、その中でごく少数の『フロンティア軌道』について考えるだけで、それぞれの物質がどう反応するかがわかる！」

この斬新な説は、最初はなかなか理解されなかったが、次第に認められていった。

オススメの1冊　ファーブル『昆虫記』

福井さんが少年時代に、夢中になって読んだ1冊がコレだ。

ジャン＝アンリ・ファーブル（116ページ）が研究した昆虫のことが、楽しく読めるように書いてあるよ。

とっても面白い本だから、ぜひ読んでみてね。昆虫博士になって、友だちをあっといわせられるよ！

福井流アイディア術　何でもメモしよう!!

福井さんはもともと「メモ魔」で、思いついたことは何でもすぐにメモしていた。

夜寝るときも、いつも枕元に鉛筆とメモ帳を置いていたんだって！　じつは、湯川秀樹さん（58ページ）もそうだったらしい。

「メモしないと忘れてしまうような着想こそが貴重なのです」

なるほど！　これはマネしてみよう！

はみだしクイズ　「フロンティア」とはどういう意味？　①最前線　②最高潮　③最大級

クイズのこたえ　99ページのこたえ　①最前線　（福井さんの理論は、最前線にある電子の軌道に注目したものだよっ）

ノーベルしょうちゃん

「マジックしょうちゃん」　作画／絶牙

お手本はおばあちゃんの昔話

一度読み出したらやめられないほど、面白い小説を書くガルシア＝マルケス。いったいどうして、お話をつくるのがそんなに上手なんだろう？

じつは、彼の物語には、お手本があったことがわかったぞ！

彼は小さいころ、おじいちゃんとおばあちゃんの家に預けられて育った。そのときにおばあちゃんたちからいつも聞かせてもらっていた昔話が、とっても面白かったんだって。その後、いろんな文学作品を読んで学んだことと、おばあちゃんの語り口とを合体させたんだ。

ホットドッグのように売れた!!

名作劇場『百年の孤独』

『百年の孤独』は、ガルシア＝マルケスの代表作よ。

世界各国でベストセラーになって、「ホットドッグのように売れた」というジョークができたほど。みんな「こんなにワクワクする小説が、この世界にあるのか！」と仰天したわ。

この小説の舞台は、ラテンアメリカの架空の村「マコンド」。ひとつの村ができてから滅びるまでの、長い時間が描かれているの。

人がシーツといっしょに空へ消えていったり、死者が生き返ったりと、魔法のようなふしぎなことが、次々に起こるのよ。

私も読んだわよ。ガーンとやられたわ。文章は読みやすくて、ストーリーは奇想天外。ここだけの話、面白さということにかぎれば、これ以上の小説はないかもしれないわね……。（ジョアンナ河合）

コレがアツい!!

ラテンアメリカ文学ブーム

1960年代からラテンアメリカでは、斬新な手法を使ってその土地の現実を描く、新たな文学が多く生まれてきた！

そして世界的なラテンアメリカ文学ブームが起こり、オクタビオ・パス（メキシコ、1990年度受賞）やマリオ・バルガス・リョサ（ペルー、2010年度受賞）も、ノーベル文学賞をもらうことに。

はみだしクイズ　ガルシア＝マルケスの出身国コロンビアの名産品は？　①米　②コーヒー　③バナナ

こどもノーベル賞新聞

生理学・医学賞

1987年度

利根川進

「抗体」のしくみを遺伝子レベルで解明。

【1939～　】

今日のことば

「自分を本当に納得させることができれば、人を納得させることは簡単である」

（利根川進の言葉）

病原体　ふはは～。おまえの体を病気にしてやる！

タケシ　くそう、負けるもんか！

利根川博士　タケシ君、今こそ伝説の武器「抗体」を使うんだ！

病原体　こちらの軍団には、いろいろな種類の病原体がいるのだぞ。それぞれ弱点がちがうのだ。いくら伝説の武器でも、みんなに通用するかな？

タケシ　と、利根川さん～。

利根川博士　大丈夫だ！　抗体は、相手によって一番効く形になることができる。私は遺伝子のレベルで研究して、そのことをちゃんとつきとめてある！

病原体　ぐぬぬ～、さすがはノーベル賞の受賞者……。おぼえていろ……！

クイズのこたえ　101ページのこたえ　②コーヒー　（ほかに、エメラルドや石炭などの資源もある）

ノーベルしょうちゃん

「危なくなったらコウタイよ！」　作画／絶牙

武器の種類は100億以上!!

そんなにたくさん どうやってつくるの??

人間は、「免疫」の力で病気と闘っている。とくに「獲得免疫」では、病原体をやっつける「抗体」という武器がつくられるんだったね（22〜23ページ）。

この地球上にはたくさんの病原体がある。それぞれに合う抗体をつくると、100億種類以上になるんだって！　そんなに多くの種類を、どうやってつくるんだろう？

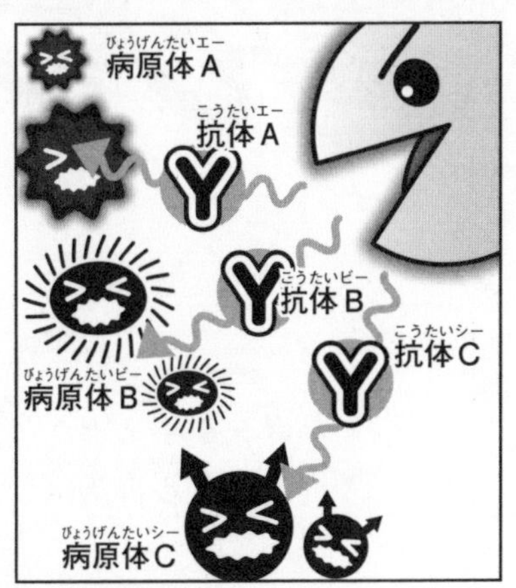

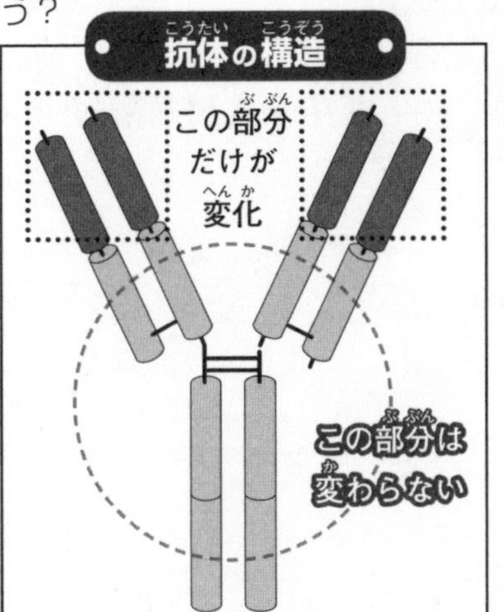

それがわかるようになったのは、遺伝子（72ページ）の研究が進んだおかげだ。

利根川さんは抗体をつくる遺伝子の構造を調べた。そして、遺伝子の構造が変化することによって、たくさんの種類の抗体がつくられていることを解明。ワトソン（72ページ）をはじめ、世界中の研究者からほめられて、「ノーベル賞は確実」といわれていた！

生き方から学ぶ この人の人生 この人の人生を大切に！

好奇心を大切に！

利根川さんの通った高校は、東京大学に進む生徒の多い、進学校だった。高校1年生のとき、衝撃的な事件が起きる。国語の時間に同級生が、古文（昔の日本語）の教科書を丸暗記して暗唱したんだ！

とんでもない記憶力をもった秀才が多い中で、高校生の利根川さんは、「暗記する勉強では、勝ち目はないかもしれない。それよりも、自分の好奇心と直感、考える力で勝負しよう」と決意する。大学も、多くの同級生がめざしていた東京大学ではなく、京都大学に進むことにした。そして、自分の好奇心をいかすことのできる「分子生物学」の分野で、ノーベル賞を受賞したんだ！

現在ではその好奇心を「脳科学」に向けて、その分野でもトップに立っているよ！

はみだしクイズ　利根川さんが抗体の研究をしたのはどの国？　①アメリカ合衆国　②イギリス　③スイス

チベット心の支え ダライ・ラマ14世

1989年度 平和賞

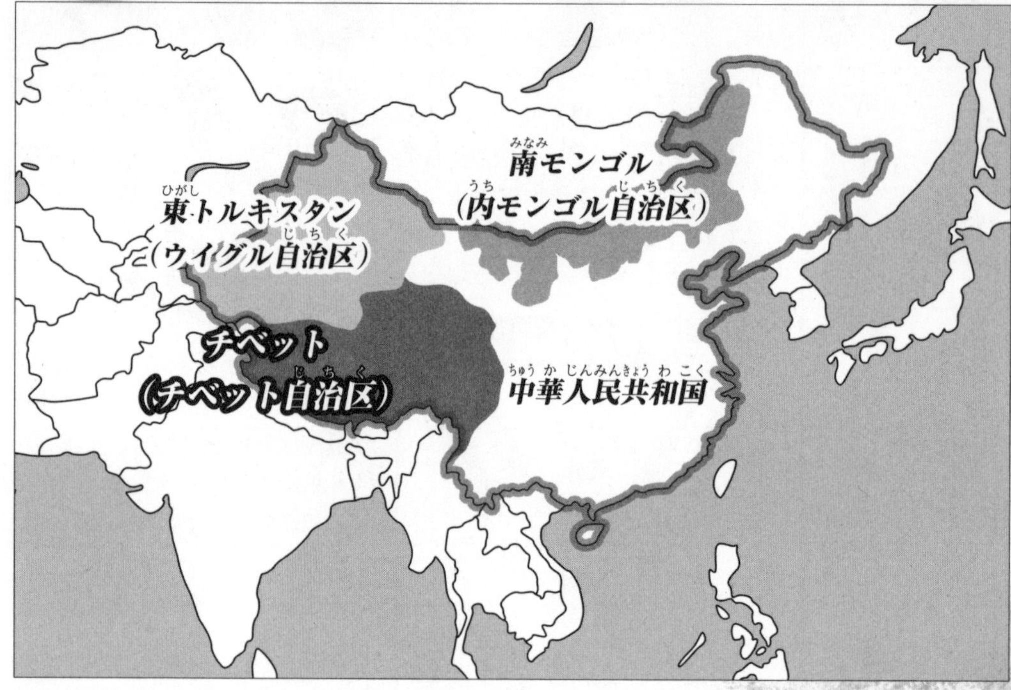

こども ノーベル賞 新聞

平和賞

1989年度

ダライ・ラマ14世

チベットを自由にするために平和的に活動する。

【1935～　】

今日のことば

「どんな大きな流れも、きっかけはひとりの小さな行動から生まれます」

（ダライ・ラマ14世の言葉）

1989年度のノーベル平和賞は、チベット出身のダライ・ラマ14世。「ダライ・ラマ」というのは、チベットを中心に信仰されている「チベット仏教」の、リーダー的な存在の称号です。

笑顔のすてきなお坊さんで、チベットのことやチベット仏教のことを、世界中に発信しています。彼の言葉には、人の心を動かす力があります。チベット仏教の信者ではなくても、親しみをおぼえるという人が各国にいます。

クイズのこたえ　103ページのこたえ　③スイス（そのあと、以前いたアメリカへ戻り、脳科学の研究をはじめた）

生まれ変わる!? ダライ・ラマ

ここで問題。ダライ・ラマの地位につく人は、どのようにして決まると思う？

こたえは……何と、「生まれ変わり」だ！

ダライ・ラマ14世も、「ダライ・ラマの生まれ変わりは、こっちの方角にいらっしゃるはずだ」と探しに来た人に見つけられて、13世の生まれ変わりだと認定されたんだ。チベット仏教って神秘的！

チベットの自治を求めて

現在、チベットは中国の領土の一部になっている。中国（中華人民共和国）が、1949年の建国前後、チベットに攻め込んで制圧したんだ。

ダライ・ラマ14世は、1959年にインドへ亡命（ほかの国へ逃げること）。チベット亡命政権のトップに立ち（2011年まで）、チベットの人々の心の支えとなった。

彼は、チベットが中国から迫害されず、自治できるようになることをめざす。自治とは、自分たちの責任で政治などを行うことだ。

世界が変わった!! 激動の1989年

ベルリンの壁が崩壊

みんなこの日を待っていた!!

東西ベルリンの断絶、そして東西ドイツの分裂を象徴していたベルリンの壁（71ページ）が効力を失い、人々が自由に行き来できるように！

翌1990年には、東西ドイツが再統一されたぞ。

取り壊されるベルリンの壁

昭和から平成に

1月7日に昭和天皇が亡くなり、元号が変わることに。「どんな元号になるんだろう」とみんなが注目する中、内閣官房長官の小渕恵三が、新しい元号「平成」を発表した。小渕さんは一躍「平成おじさん」に！

はみだしクイズ　仏教は、現在でいうとどの国のあたりで生まれた？　①インド　②中国　③日本

平和賞

1991年度

アウン・サン・スー・チー

ミャンマーを民主的な国へと変えた。

【1945～　　　】

今日のことば

民主主義

（王さまや貴族、お金持ちや軍隊などではなく、一般の人民が政治を動かす力をもつ、という考え方）

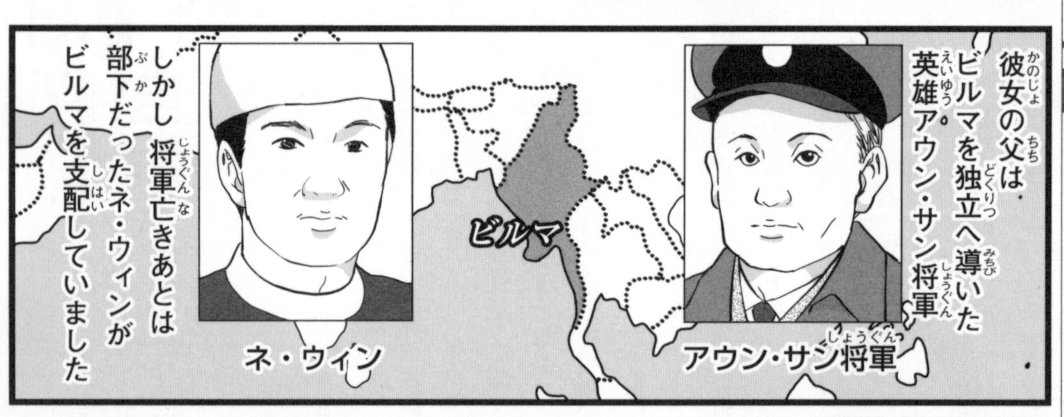

クイズのこたえ　105ページのこたえ　①**インド**　（ネパール出身のガウタマ・シッダールタが、悟りを開いてつくった）

大大大ニュース!!

1991年 ソ連崩壊

1989年のベルリンの壁崩壊（105ページ）は、ソビエト連邦の影響下にあった共産主義の旧東ドイツが、力を失ったため起きた出来事だった。東ヨーロッパ諸国も、次々に共産主義をやめていく。世界的に、共産主義の体制がうまくいかなくなっていたんだ。

そして、歴史的な大事件！　何と、共産主義のリーダー国であったソ連が、なくなってしまったんだ!!

長かった東西冷戦（71ページ）は終結した。いちおう、アメリカ合衆国をはじめとする西側諸国の勝利かな……。でもこのあと、冷戦のせいで見えにくくなっていた民族紛争などが表面化したり、強大化しすぎたアメリカが無茶な戦争をはじめたりする。冷戦後の世界も、けっして平和ではないんだ。

何コレ!?おもしろ!

「イグノーベル賞」誕生

イグノーベル賞は、ノーベル賞のパロディーとして、1991年につくられた賞だ。「ノーベル賞じゃないで賞」とか、「お笑いノーベル賞」ってところかな。

毎年10月、「人々を笑わせ、そして考えさせる研究」に与えられる。日本人はこの賞の常連で、たとえば1997年には、おもちゃの「たまごっち」を開発した人たちが、「現実にはいないペットのために人々の時間を使わせた」という理由で受賞したぞ！

はみだしクイズ　アウン・サン・スー・チーは昔どこではたらいていた？　①赤十字　②国際連合　③ハーバード大学

こどもノーベル賞新聞

平和賞

1993年度

ネルソン・マンデラ

南アフリカ共和国の人種差別の制度をなくした。

【1918～2013】

知ってるかい？　南アフリカ共和国では長いあいだ、人種差別にもとづく「アパルトヘイト」（人種隔離政策）という政策がとられていたんだ。これに反対して、みんな平等に暮らせる国をつくったのがマンデラさ。彼やその仲間が、つらい目にあっても一生懸命活動したおかげで、1994年、アパルトヘイトはなくなった。新しい社会の象徴として、新しい国旗もつくられたよ。

▲マンデラの使った「レインボーネーション」という言葉から、「レインボーフラッグ」とも呼ばれる。それぞれの色には、次のような意味があるのではないかといわれている。

- 赤……過去に流された血
- 青……空と海
- 緑……自然と農業
- 黄……金などの天然資源
- 黒……黒人、アフリカ諸国とのきずな
- 白……白人、平和

今日のことば

「レインボーネーション」
（もとはデズモンド・ツツ〈1984年度ノーベル平和賞〉のつくった言葉で、「虹の国」の意味。多くの人種が平和に共存する南アフリカ共和国を、多彩な色の虹にたとえている）

クイズのこたえ　107ページのこたえ　②国際連合　（ニューヨークの事務局ではたらいていたよ）

生き方から学ぶ この人の人生

囚人から大統領に

南アフリカ共和国は、オランダやイギリスの植民地だった歴史があり、白人がいばっていた。そして第二次世界大戦のあとも、アパルトヘイトのせいで、黒人が理不尽な差別にあいつづけた。マンデラは若いころから、これに反対する運動を行っていた。

南アフリカ政府はマンデラをじゃまだと思い、不当なやり方で彼を逮捕して、牢獄に入れてしまった。1964年のことだ。

しかし、牢屋に入れられてもマンデラは、みんなが平等に生きられる国をつくることをあきらめなかった。

マンデラが釈放されたのは、1990年。26年も牢獄に入れられていたことになる！　自由の身になると、マンデラはアパルトヘイト撤廃という目的をはたし、1994年に大統領に就任した。

2013年、南アフリカの統合の象徴だった彼が亡くなったときには、世界中の人が悲しんだ。

マンデラさんはあだ名がいっぱい!!

国民から愛されたマンデラさんには、たくさんの愛称（あだ名）があった。君なら、彼のことを何て呼びたいかな？

ホリシャシャ
マンデラのミドルネームで、「やっかいなことを起こす人」という意味！

マディバ
祖先にあたる村長を示す名前で、マンデラを尊敬していることを表す呼び名だよ。

タタ
「お父さん」という意味。マンデラは、みんなのお父さんみたいな人だったんだね。

はみだしクイズ　南アフリカ共和国が、多く産出しているのは？　①石油　②羊毛　③金

こどもノーベル賞新聞

文学賞

1994年度

大江 健三郎

文化のちがいを超えて読者に訴えかける小説家。

【1935～　】

とうとう来たのね、このときが。私の大好きな大江健三郎が、ノーベル文学賞を受賞するときが……‼
いろんな国の人が、大江さんの小説を読んで、めちゃくちゃに感動しているわ。世界の声、聞いてごらんなさい。
「もう本当にすごいんですっ」
「こんなに心を揺さぶる小説は、ほかにはないよ！」
「日本にこんなとんでもない小説家がいたなんて～‼」
私からいえることは、何もないわ。読めばいいじゃない。むさぼるように読めばいいじゃない。大江さんの小説を日本語で読めるなんて、あなたは幸せ者よ。（ジョアンナ河合）

今日のことば

「文学は、人間を根本から、励ますものでなければならないと思います」
（大江健三郎の言葉。励まされます～！）

クイズのこたえ　109ページのこたえ　③金　（鉱物資源が豊富で、ダイヤモンドなども多くとれるよ）

大江健三郎の波瀾万丈の人生

1935年　四国の愛媛県に生まれる

森の中の谷間の村に生まれた大江さんは、ふるさとの自然の中で、元気よく遊んで育った。

本を読むのも大好きで、図書館にある本を、すべておぼえてしまうほど読んでいたそうだよ。

その後、東京に出て東京大学に入学。

1957年　東大在学中に、小説家としてデビュー

大江さん自身は、「フランス文学を勉強して、将来は学者になろう」と考えていた。だけど、あるとき勉強の合間に書いた小説が、「これは傑作だ！」と評判になり、若い天才作家として注目された。そこから、時代を代表する小説家になったんだ。

1963年　障がいのある、長男の光さんが誕生

大江さんのはじめてのこどもの光さんは、生まれつき障がいがあった。

大江さんは、光さんとともに生きるということを、文学のひとつのテーマにした。大江文学は、さらに深くて感動的なものに。光さんは成長して、音楽家になったよ。

1994年　ノーベル文学賞受賞

▲2008年11月、ケルン日本文化会館にて（写真：Hpschaefer）。

たくさんの国の言葉に翻訳され、世界中で読まれてきた大江さんの小説。大江さんは、日本でふたりめのノーベル文学賞作家になった。

受賞後も小説を書きつづける一方で、政治的な問題についても、積極的に発言している。「核兵器をなくそう！」「戦争をしてはいけない！」「民主主義を守ろう！」と、みんなに訴えかけているんだ。

はみだしクイズ　大江さんの義理のお兄さんの、伊丹十三さんの職業は？　①映画監督　②作曲家　③日本画家

こどもノーベル賞新聞

経済学賞

スクープ特集

ジョン・ナッシュ【1928～2015】
アマルティア・セン【1933～】

今日のことば

ナッシュ均衡
（ナッシュが発見した、ゲーム理論の中の概念。ライバル同士が、「こうするのが一番損が少ない」と考えて行動した結果、どちらも得をしないまま泥沼にはまるような状態）

1994年度の経済学賞を受賞したのは、アメリカ合衆国のナッシュ。

じつはこの人、経済学者ではなくて数学者だ。ノーベル賞には数学の部門はないけれど、経済学に応用できるような理論を研究したので、経済学賞が贈られたんだよ。

ナッシュは経済学に、「ゲーム理論」という考え方を応用した。ゲーム理論とは、ボードゲームのチェスを分析することから生まれた理論で、どんなふうに競争したり協力したりすると得になるかを、数学的に調べるものだ。

ちなみにナッシュは、ゲーム理論以外の分野でもすごい発見をたくさんしている、文句なしの天才数学者だ。

ノーベルしょうちゃん
「続・お金は計画的に……」
作画／絶牙
はい お年玉
ありがとう おばあちゃん
で、それはお母さんがあずかります
私がもらったんだよ 私にまかせて！
本当に大丈夫？
シリーズ全部買っちゃった！
オレにホれるとヤケドするぜ～
もう何もいらないもんね～
にゃんてコタロー ニンジャシリーズ 新発売!!
来年までおあずけね

世界から貧しさをまずなくそう!!

1998年度 経済学賞

アマルティア・セン

1998年度の経済学賞は、インド出身の経済学者センが受賞した。彼の研究は、たしかに経済学だけど、ノーベル平和賞をもらっても、おかしくないものなんじゃないかなあ？

センは、なぜ飢饉が起こるのか、この世界になぜ「貧しさ」があるのかを研究した。そして、社会の「不平等」こそが、人々を貧しくしている原因だとつきとめた。地球上の富を、どうやって平等に分けるか。彼の研究は、世界中で参考にされているよ。

アマルティア・センの名づけ親は……!?

「アマルティア」という名前を考えたのは、センのおじいさんの友だちだった、タゴール（1913年度ノーベル文学賞受賞、30ページ）だといわれている。

「アマルティア」とは、「永遠に生きる人」という意味。みんなが富を分け合って暮らす道を考えるセンの研究は、これから永遠に生きていくんだろうね。

はみだしクイズ　「ゲーム理論」を本格的な学問にした人は？　①ド・ブロイ　②フォン・ノイマン　③サミュエルソン

オゾン層破壊の研究

オゾン層

「オゾン層」って？

地球は、「オゾン層」というバリアに守られている。オゾン層がなければ、有害な紫外線などが、宇宙からどんどん入ってきてしまう。しかし、フロンガスというガスを使うと、オゾン層に穴があいてしまうんだ！

フロンガスとオゾン層破壊の関係が研究でわかったので、フロンガスを規制する決まりがつくられた。

パウル・クルッツェン
【1933～　　　】

マリオ・モリーナ
【1943～　　　】

シャーウッド・ローランド
【1927～2012】

科学の発展、そして科学技術を用いた産業の発展により、私たちの暮らしはとても便利になっているね。でも、とくに20世紀後半になって、「便利さだけを追い求めてはいけない」ということも、人類は思い知らされてきた。人間が勝手にふるまったせいで地球の自然が壊されるという、「環境問題」が起こってきたんだ。

地球の環境問題は、オゾン層の破壊以外にも、地球温暖化・化学物質による汚染・生物の絶滅などがある。科学によって得た知恵もいかしながら、私たちの手でひとつずつ解決していかなくっちゃね。

こどもノーベル賞新聞

スクープ特集

地球と人類の未来のために

今日のことば

NGO（非政府組織）
（国籍や民族などのちがいを超えて、世界的な問題の解決に取り組む、民間の組織。お金もうけを目的とせずに活動する）

1999年度 平和賞

すべての人に医療を!!

国境なき医師団

世界各地の貧困や戦争も、これから地球で生きていく人間として、見て見ぬふりはできない問題だよね。貧しい地域や、戦争のつづく地域に生まれたせいで、必要な医療が受けられない……そんな人が、世界には大勢いるんだ。「もし自分のことだったら」と、想像してみてごらん。

「国境なき医師団」は、「どんな国の人にも、必要な医療を届けよう」と考えて、世界中で活動しているNGO（非政府組織）だ。

国境にとらわれずに独自の活動をするNGOの存在は、今後の世界でますます重要になりそう！

「国境なき医師団」って？

「国境なき医師団」のマーク

「国境なき医師団」とは、1968～1970年のナイジェリア内戦のときに、赤十字から派遣された医師たちがつくった団体。

ほかのどんな団体よりも早く現場に駆けつけて医療を提供する、ということをモットーにしている。また医療だけでなく、「現地で何が起こっているか」を世界に発信する、「証言活動」も積極的に行っている。

はみだしクイズ　オゾン層の濃度の減少がはじめて観測されたのは？　①北極上空　②赤道付近　③南極上空

ノーベル賞をもらえなかった天才たち

とっても有名な研究者や文学者だったのに、ノーベル賞を受賞できなかった、という人はたくさんいる。その中から何人かを紹介するよ。ここを押さえれば、相当な「通」だね。みんなに教えてあげよう！

こどもノーベル賞新聞

スペシャル企画

え？この人ってノーベル賞もらってないの？

ジャン=アンリ・ファーブル
【1823〜1915】

昆虫博士は文学者!?

昆虫好きにとっては大スター、神さまみたいな人じゃないかな？『昆虫記』を書いたファーブルさんだ。

『昆虫記』はカタい研究書ではなく、親しみやすい読みものになっている。じつは、この本があまりに面白いので、ファーブルはノーベル文学賞の候補になっていたんだ！

「無意識」の発見！

私たちは普段から、「無意識」って言葉を使うことがあるけど、その「無意識」が人間の心の中にあることを発見したのが、オーストリアの精神科医フロイトだ。

彼は無意識とかかわることで心の病気を治す、「精神分析」の理論をつくりあげた。その思想は、20世紀以降の文化に、はかり知れない影響を与えたけれど……生理学・医学賞の候補にはならなかったみたい。

ジークムント・フロイト
【1856〜1939】

今日のことば

「忍耐と熟考をもって困難にあたれば、そのたびに成長することができる」
（ファーブルの言葉）

クイズのこたえ　115ページのこたえ　③南極上空　（1985年にイギリスの研究者たちが発表し、話題になった）

山極 勝三郎

【1863～1930】

「どうして人はがんになるのか」がわかっていなかった時代、山極さんはウサギの耳に人工的にがんをつくり、「環境によってがんになる」と解明。

選考の最後のほうまで候補に残っていたけれど、当時の選考委員はよくわかっていなくて、間違った結論を出した別の学者に、ノーベル生理学・医学賞をあげてしまった。何てこったい!!

数学や物理学をはじめ、たくさんの分野で重要な発見をした、20世紀最高の天才のひとり。

「ゲーム理論」（112ページ）を確立したのも彼だし、コンピュータの原理をつくったのも彼だよ。

そんなにすごい人なのに、どうしてノーベル賞をもらえなかったんだろう……。ふしぎでしょうがないよ。

ジョン・フォン・ノイマン

【1903～1957】

クルト・ゲーデル

【1906～1978】

この人は、「人類の歴史の中で、一番頭のいい人間」とまでいわれる、超天才数学者だ！「数学には限界がある」ことを数学で証明したり、「神さまはいるかどうか」という問題を数学で解いたりしたんだからね。

天才度でいったら、たぶんナンバーワンだけど……ノーベル賞には、数学賞はないんだよなあ！

フロイト式 夢手帳
あなたが眠っているときに見た夢を、起きたらすぐに記録していきましょう。毎日分析をつづけると、あなたの「無意識」が見えてくる!?
Zzz

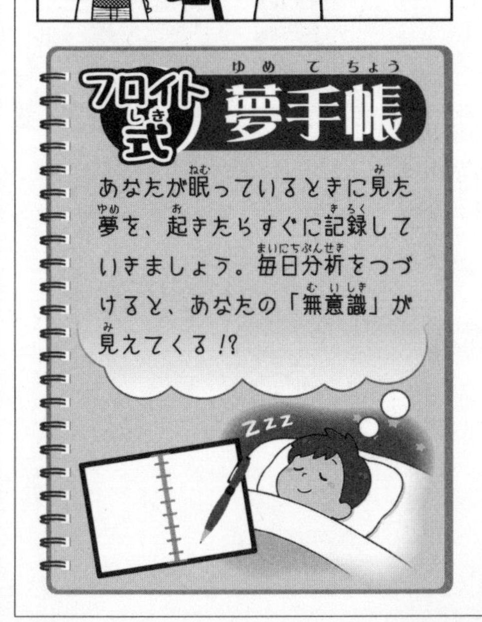

ノーベル賞まであと一歩!! 日本の作家

3人とも、海外に多くのファンがいて、ノーベル賞間違いなしと思われていたけれど、もらう前に亡くなっちゃった。みんなも、長生きしないとねっ!!

もっと長生きしていれば……

安部 公房

【1924～1993】

谷崎 潤一郎

【1886～1965】

三島 由紀夫

【1925～1970】

はみだしクイズ 安部公房は大学生時代、何を勉強していた？ ①法律 ②経済学 ③医学

授賞式出席シミュレーション

ノーベル賞受賞が決まったあとは、どんなことをするんだろう？ 受賞決定から、お家に帰るまでを、徹底調査してみたよ！

① 受賞決定の電話を受ける

さあ、旅のはじまりだ！

② 飛行機でストックホルムへ

平和賞の場合だけ、行き先がノルウェーのオスロになるぞ。

③ 宿泊はグランドホテル

こんなにすてきなところに泊まれるなんて……ノーベル賞をもらえてよかった～！

④ ノーベル博物館でイスにサイン

⑤ ストックホルム大学で記念講演

君の話に、みんなが興味しんしんだよ！ 緊張せずに話ができるかな？

こどもノーベル賞新聞 スペシャル企画 授賞式出席シミュレーション

今日のことば

「思考とは、行動の予行演習にほかならない」

（フロイトの言葉。ノーベル賞をもらったときにあわてないように、「どう行動するか」をシミュレーションしておこうね！）

お金で買える！メダルチョコ

ねえねえ、そこのおにいさん、おねえさん。おこづかいで、ノーベル賞のメダルを買わないかい？

ほ〜ら、金色に光ってるだろ。これ、じつはチョコレート。

みんなに自慢したあとは、おいしくいただけて、一石二鳥さ。本当に売っているんだよ!!

⑨ 日本へ帰る

楽しかった旅も、とうとう終わってしまったね。
さびしいような気もするけど……家に帰るまでが遠足、じゃなくてノーベル賞だよ。

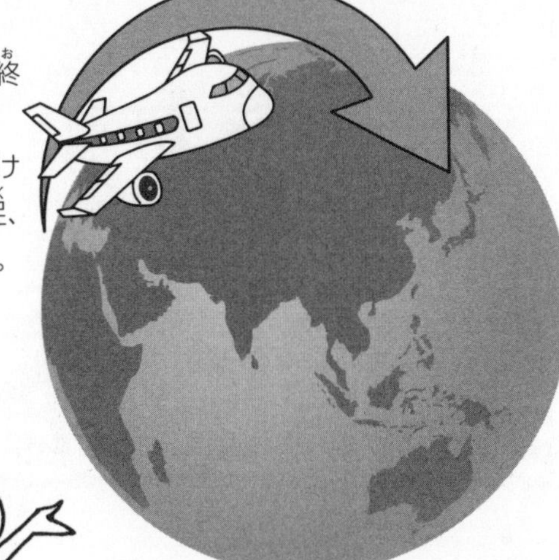

⑧ 大学生の主催するパーティーに出席

これからもっと活躍するぞ！という意味を込めて、みんなでいっしょに「カエルとび」をするのが、ならわしになっているよ。さあ、とびあがろう！　ぴょーん、ゲコゲコ。

⑥ コンサートホールで授賞式

⑦ ストックホルム市庁舎で晩餐会

とってもたくさんの関係者が集まって、ご飯を食べるんだ。せっかくだから、まわりの人ともおしゃべりをしてみよう。きっと面白い話が聞けるよ！

はみだしクイズ　日本からストックホルムまで、飛行機でどのくらい？　①約６時間　②約14時間　③約22時間

こどもノーベル賞新聞

物理学賞

2000年度

ジャック・キルビー

集積回路（IC）を発明した電子技術者。

【1923～2005】

今日のことば

集積回路

（トランジスタを中心とした複雑な電気回路を、半導体でできた1枚の板〈基板〉の上にギュッとまとめたもの）

いや～、とうとうノーベル賞受賞ですねキルビーさん。やっとノーベル賞が、キルビーさんに追いついてきたっていうか。おめでとうございます！

今の電化製品、パソコン、スマートフォン、どれもキルビーさんの発明した集積回路（IC）が入ってますからね～。私も毎日、お世話になってます。

ありがとうございますっ。

それにしても、待ちくたびれたんじゃないですか？　何しろ、集積回路の発明は、1958年のことですからね。さすがにノーベル賞のほうも、「20世紀のうちにキルビーさんに賞を贈らなきゃマズい!!」と思ったんでしょうねえ。よかった、よかった。

集積回路(IC)の発明

クイズのこたえ　119ページのこたえ　②約14時間　（まあ、のんびり行くとしましょうか！）

ICからLSIへ

集積回路の技術はどんどん高まっていき、何と、ひとつの半導体の上に1000個から10万個ほどの部品が組み込まれるようになった。最初のICよりもずっと密度の高くなったこの電子部品を、「大規模集積回路」（LSI）という。現在ではさらに技術が進み、10億以上の部品が集まったものすらつくられている！

電子機器を便利に!!
集積回路（IC）への道

複雑な電子機器を作るときには、それを動かす電気の流れ（電流）をコントロールする部品が必要。その部品は、真空管からトランジスタをへてICへ、どんどん便利になっていった！

真空管

中が真空になっているガラス管に、電極（電気が流れ出すところと流れ込むところ）を入れたもの。電流を調整したり増幅したりする。

欠点
- 長もちしない
- 熱をもつ
- かさばる
- 電気を大量に消費する

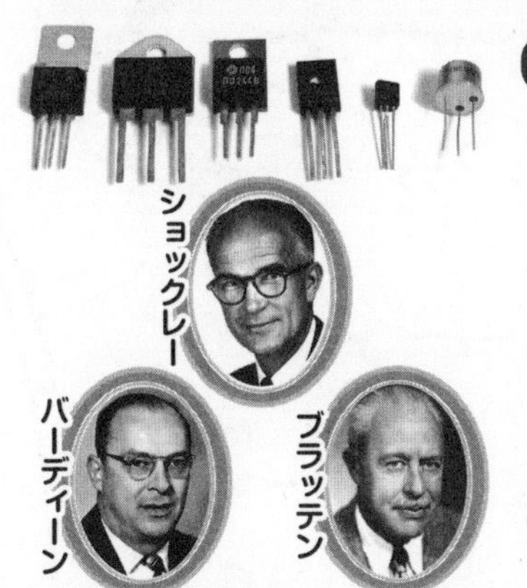

トランジスタ

（➡66ページ）

1947～1948年、ショックレーらが発明。
小型で性能のよいテレビやラジオがつくれるようになり、コンピュータの実用化にも貢献した。

利点
- 大きさが真空管の1/50
- 使用電力は1/100万
- 性能がよい

集積回路（IC）

1958年、キルビーが発明。
トランジスタやほかの部品を組み合わせた電気回路を、1枚の半導体の基板の上にまとめてつくり込んだ。とても小さく、精密な電子部品。

キルビーの発明したICは、電気を使う機械に幅広く使われている。多くの情報が入ったICカードなども、私たちの身近にたくさんあるね。
現代の産業にとって、なくてはならないICは、「産業の米」とも呼ばれているよ。
キルビーさん、便利な暮らしをありがとう～！

はみだしクイズ　IC以外に、キルビーが特許を取ったものは？　①蛍光灯　②冷蔵庫　③電卓

こどもノーベル賞新聞
化学賞
2000年度
白川英樹
電気を通すプラスチックを発見・開発した。
【1936～　】
今日のことば
「自然に親しもう、本物に出会おう」
（白川英樹の言葉。テレビやゲームもいいけれど、自然はもっと驚きに満ちているんだ。そこに興味をもつことから、科学ははじまるんだね）
プラスチックの大革命
ココがスゴい!!その①
フィルムの形に合成
プラスチックの仲間のポリアセチレンは、粉末の形にしかならぬものと思われておった。白川さんはそれを、フィルム（膜）状にすることに成功したぞい。そのおかげで、いろんな形にできるようになったのじゃ。
ココがスゴい!!その②
電気を通すプラスチックができた!
プラスチックは、電気を通さぬものというイメージがあるのう。じゃが白川さんは、ポリアセチレンを電気を通す性質に変える方法を見つけたのじゃ。これがノーベル賞受賞理由じゃ!!
2000年度化学賞
白川英樹

そこのおぬし、メゲてはいかん〜んっ

失敗は成功のもと!!

ある日、白川さんのもとへ研究生が来て、「実験が失敗しました」と報告したとさ。

白川さんが見に行ってみると、おやおや？　ポリアセチレンが、膜のようになっておるではないか！

このことをヒントに白川さんは、ポリアセチレンをフィルム状に合成する技術を開発したのじゃ。失敗はチャンスなのじゃ！

プラスチックが電気を通す!?

わしらがよく知っておるプラスチックは、「絶縁体」（66ページ）。つまり、電気を通さぬのじゃな。しかし白川さんは、電気を通すようなプラスチックの仲間（導電性ポリマー）をつくる方法を考え出したぞ。

何？「それが何の役に立つのか」じゃと？　お、おぬしというやつは……！

スマートフォンなどのタッチパネルも、この技術によってつくられたのじゃぞ!!　白川さんに感謝せい！

ノーベルしょうちゃん

「失敗をおそれるな！」

作画／絶牙

白川さんのすごい発見のきっかけは

研究生の失敗だったんだって

そうなの

失敗は成功のもとなんだよ！

そうなの

でもしょうこちゃんのテストはいつ成功するのかしら？

ゴゴゴゴ…

…大人になるころには…

たぶん

生き方から学ぶ　この人の人生

もっていない夢はかなわない

白川さんは中学校の卒業文集に、「プラスチックの研究をしたい」と書いておった。

それは白川さんにとって、たくさんある夢のうちのひとつじゃった。白川さんは、「もっていない夢はかなわない」といっておられる。こどものうちは、ひとつに決めてしまわずに、たくさんの夢をもつとよいのじゃ。

え？　わしは誰かって？　むふふ、ただのプラスチック好きのじいさんじゃよ。ではまたのう。ふおっふおっふおっ。（夫裸主 地久造）

はみだしクイズ　白川さんの趣味は？　①ボウリング　②カラオケ　③野鳥の観察

化学賞

2001年度

野依 良治

右手型分子と左手型分子のつくり分けに成功。

【1938～　】

今日のことば

不斉合成
（材料となる分子は同じだけれど、組み立てが左右逆になっている物質を、意図的につくり分けること）

クイズのこたえ　123ページのこたえ　③野鳥の観察　（ほかにも、園芸などがお好きみたい）

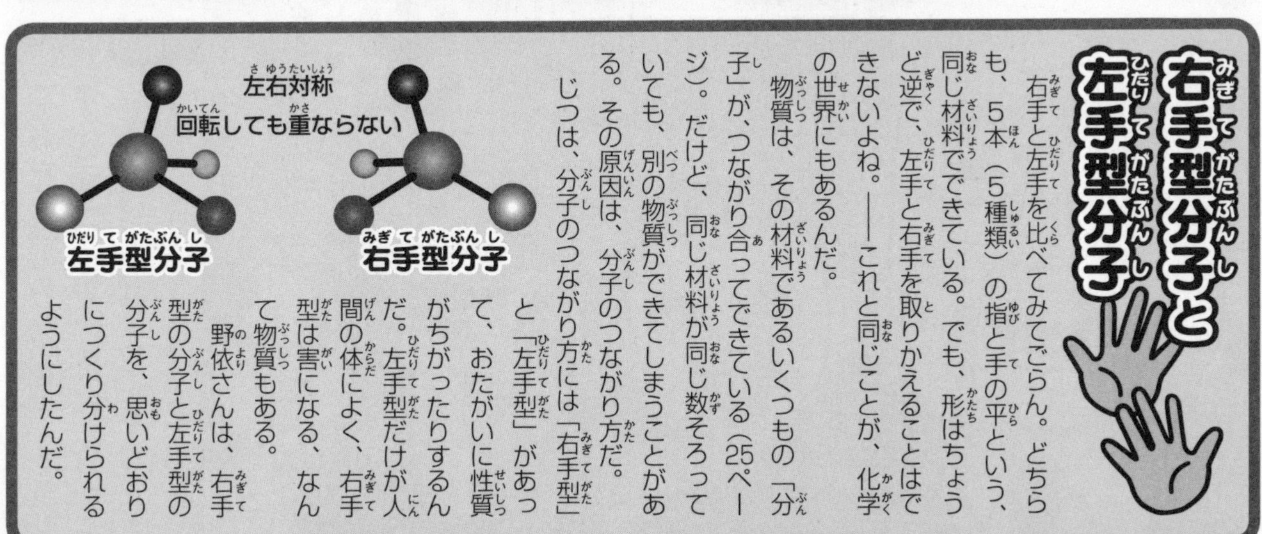

右手型分子と左手型分子

右手と左手を比べてみてごらん。どちらも、5本（5種類）の指と手の平という、同じ材料でできている。でも、形はちょうど逆で、左手と右手を取りかえることはできないよね。――これと同じことが、化学の世界にもあるんだ。

物質は、その材料であるいくつもの「分子」が、つながり合ってできている（25ページ）。だけど、同じ材料が同じ数そろっていても、別の物質ができてしまうことがある。その原因は、分子のつながり方だ。

じつは、分子のつながり方には「右手型」と「左手型」があって、おたがいに性質がちがったりするんだ。左手型だけが人間の体によく、右手型は害になる、なんて物質もある。

野依さんは、右手型の分子と左手型の分子を、思いどおりにつくり分けられるようにしたんだ。

はみだしクイズ　野依さんがこども時代に憧れたのは？　①ニュートン　②エジソン　③湯川秀樹

こどもノーベル賞新聞
物理学賞
2002年度
小柴 昌俊
宇宙から来たニュートリノの観測に成功した。
【1926～　】
今日のことば
「これからはじめる実験は、100年たって、役に立つか立たないかというくらいの実験なのです」
（小柴昌俊の言葉。100年後をめざせ！）
山の下に秘密基地!?
カミオカンデでニュートリノを検出!!
超新星爆発
星が一生を終えて爆発するとき、ニュートリノという粒子が生まれ、あらゆるものをすり抜けていろいろな方向へ飛んでいく。
カミオカンデ
小柴さんのアイディアにより、1983年につくられた施設。大量の水をため、高性能の光センサーで取り囲んでいる。この装置でニュートリノを検出。
地下1000メートル
飛んで来たニュートリノが、水の分子の中にある電子にぶつかると、光（チェレンコフ光）が出る。その光をセンサーで増幅して検出する。
16メートル
15.6メートル
世界一きれいな水
3000トン
2002年度
物理学賞
小柴昌俊

カミオカンデとニュートリノ

2002年度ノーベル物理学賞の小柴昌俊は、岐阜県神岡鉱山の地下深くに「カミオカンデ」という巨大な実験施設をつくり（1983年完成）、「観測ニュートリノ天体物理学」（本人の言葉）という分野を切り開いた。

最初、小柴さんはこの装置で「陽子崩壊」という物理現象を検出しようと考えていたが、うまくいかなかった。そこで小柴さんは、「同じ装置で、ニュートリノという素粒子を観測することもできるはずだ」と発想を転換し、見事成功したんだ。

1996年、カミオカンデの役目は「スーパーカミオカンデ」に引きつがれる。そして小柴さんの弟子の梶田隆章さんも、2015年度のノーベル物理学賞を受賞（144ページ）！

生き方から学ぶ この人の人生

「東大の物理をビリで出た」

小柴さんは旧制高校のころは、「大学では文学の研究をしようかな」と思っていた。しかしあるとき、たまたまある先生が「小柴は物理ができない」といっているのを聞いてしまい、「くそー、見返してやる！」と思って、東京大学の理学部物理学科に進んだんだ。

そこでもあまりよい成績ではなかったらしいけれど、卒業後も日本とアメリカ合衆国で研究をつづけ、世界でもトップレベルの研究者になった。「負けてたまるか！」という気持ちが大事なんだね。

素粒子とニュートリノの世界

ニュートリノは「素粒子」の一種だ。素粒子というのは、現代の物理学がずっと追いかけてきた、「それ以上分割できない、一番小さなもの」のことだったね。

素粒子は大きく分けて、物質を形づくる素粒子（フェルミ粒子）と力を伝える素粒子（ゲージ粒子）、そして物質に「質量」（145ページ）を与える粒子（ヒッグス粒子）の3種類がある。

ニュートリノはフェルミ粒子だ。ヴォルフガング・パウリ（1945年度物理学賞受賞）が仮説を立て、エンリコ・フェルミ（1938年度物理学賞受賞）が名づけ、フレデリック・ライネス（1995年度物理学賞受賞）が存在を証明した素粒子だよ。

宇宙には、このニュートリノが無数に飛び交っているそうだ。こいつはものすごく小さくて、あらゆるものをすり抜ける。小柴さんは、大マゼラン星雲での超新星爆発から生じて地球へ飛んで来たニュートリノを、カミオカンデでつかまえた！

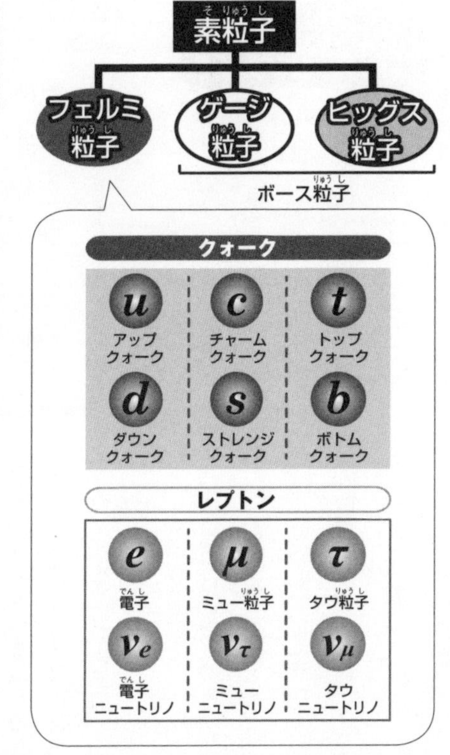

はみだしクイズ　小柴さんがこども時代になりたかったのは？　①詩人　②音楽家　③画家

企業につとめる現役の「サラリーマン技術者」として、はじめてのノーベル賞受賞となった田中さん。僕もサラリーマンだから、何だかうれしいなあ！

（皿理 万太郎）

こどもノーベル賞新聞

化学賞

2002年度

田中 耕一

タンパク質を調べる新しい方法をつくった。

【1959～　】

今日のことば

「失敗からは必ず新たな発見がある。最近は、失敗するのが楽しみになってきました」

（田中耕一の言葉。失敗から学ぼう！）

私たちの体はタンパク質からできている

すべての生物の体は、DNA（72ページ）の指令によってつくられた、「タンパク質」という物質からできている。

もちろん人間もそうだよ。皮膚や筋肉、内臓、髪の毛、さらには血液など、体内のほぼすべてのものが、10万種類以上のタンパク質からつくられるんだ。

これらのタンパク質それぞれのはたらきを調べれば、生命のしくみがくわしくわかるし、病気の治療にも役立つってわけさ！

……だけど、人間の体から取ってきたタンパク質が、どこでどんなはたらきをするものなのか、どうやって調べるんだろう？

調べる方法

タンパク質は、種類によって「質量」がちがっている（質量っていうのは、「物質としての量」のことさ。145ページを見てみてね）。だから、取ってきたタンパク質の質量を調べて、「どの質量だとどの種類か」というデータと照らし合わせればいいんだ。

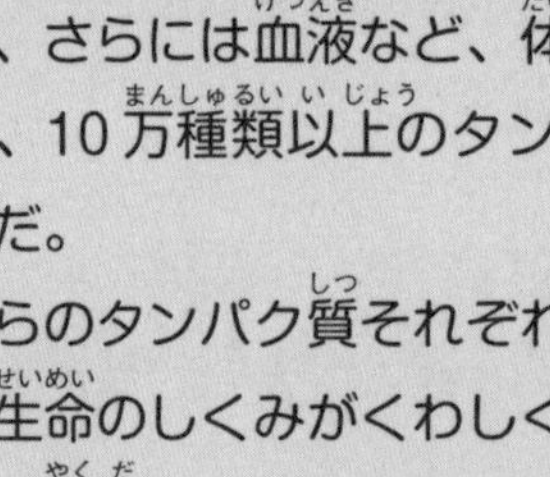

▶筋肉中にあるタンパク質の一種ミオグロビンの、立体構造の模式図。

・ソフトレーザー脱離イオン化法・

小さな物質の質量を調べる「質量分析」には、「イオン化法」という方法がある。電気を帯びた「イオン」という状態に変えて、運動できるようにしてやると、運動の仕方のちがいによって、質量を知ることができるんだ。

ただしこれまでは、タンパク質をイオンに変えるよい方法がなかった。イオン化のために電子線（レーザー）を当てると、タンパク質の分子自体がバラバラに壊れてしまい、質量を正確に測定することができなかったんだ。

そこで田中さんは、調べたいタンパク質に「補助剤」を混ぜ合わせ、そこにレーザーを当ててやる方法を考えた。そうすると、補助剤がうまくレーザーを吸収して、タンパク質を壊さずにまるごとイオン化するんだ。

やさし〜く守りながらレーザーを当てて、タンパク質をイオンに変える方法——これが「ソフトレーザー脱離イオン化法」だ!!　ソフトな田中さんならでは!?

オシャレ作業着
お得です!
12着セット
田中さんのように「現場へのこだわり」をもつアナタ！　いつもの作業着をカラフルにしてみませんか？　限定100組、12着セットで販売中。お早めにお買い求めください!!

はみだしクイズ　ソフトレーザー脱離イオン化法の補助剤に使われるのは？　①コバルト　②マグネシウム　③銀

こどもノーベル賞新聞

物理学賞

2008年度

南部陽一郎

「予言者」と呼ばれたほどの天才物理学者。

【1921～2015】

今日のことば

「物理学の法則は単純です。でもこの世界はけっしてつまらないものではない」

（南部陽一郎の言葉。世界はとても面白い！）

「ナンブには、科学の未来が見えているのか!?」

「彼は、世界のほかの学者たちより、10年は先に行っている……！」

アメリカ合衆国で研究する物理学者の南部陽一郎は、ものすごいアイディアをどんどん生み出した天才だ。彼の発想をもとに研究を進めた多くの物理学者たちが、次々にノーベル賞を受賞したほど。あまりに先を行きすぎるせいか、南部さん本人はなかなか受賞できなかったが、２００８年度の受賞時には、みんなが大喜び！

「対称性の自発的な破れ」という現象を見抜いたのが受賞理由だけれど、ほかにも彼の発見・予言はたくさんある。

宇宙のはじまりに迫る！

宇宙はどのようにはじまり、今のようなものになったのかな？
南部さんはこの謎を、素粒子から解き明かしたぞ！

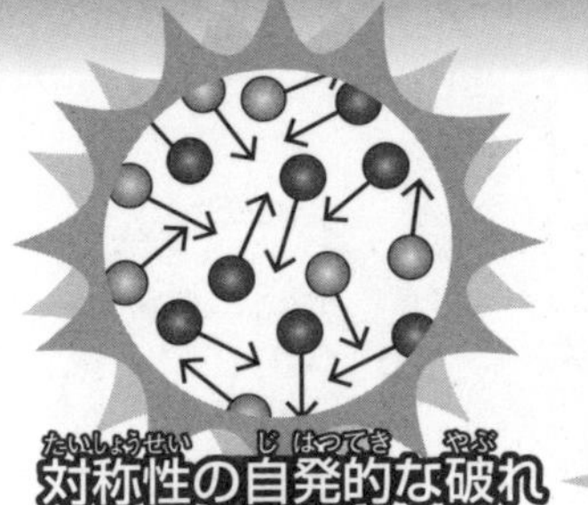

初期の宇宙

とても熱くてエネルギーの高い「真空」の中、素粒子が光速で、自由に飛び回っている。この状態は、どの位置から観察しても、同じような感じに見える。こういう状態を「対称性が高い」という。

「対称性」が破れて、真空の状態が変わる！（真空の相転移）

その後の宇宙

宇宙が冷えてエネルギーが低くなり、多くの素粒子の動きが光速よりも遅くなって、物質が生まれる。この状態では、どの位置から見るかによって、見え方がちがう。こういう状態を「対称性が低い」という。

ヒッグス粒子

真空をつくっている素粒子。「対称性」が破れて真空の状態が変わったとき、こいつが宇宙に大量に出現し、ほかの素粒子たちの動きをジャマするようになった。こうして物質に「動きにくさ」、つまり「質量」（145ページ）が生じた！　このヒッグス粒子のアイディアにも、南部さんがヒントを与えているんだよ。

現代物理学が解明した宇宙の歴史

この宇宙は、どんな歴史をたどってきたんだろう？　現代の物理学によって、かなりくわしくわかってきているよ。宇宙は最初、とても小さい状態で生まれて、一気に大きくなり、今もふくらみつづけているんだ。

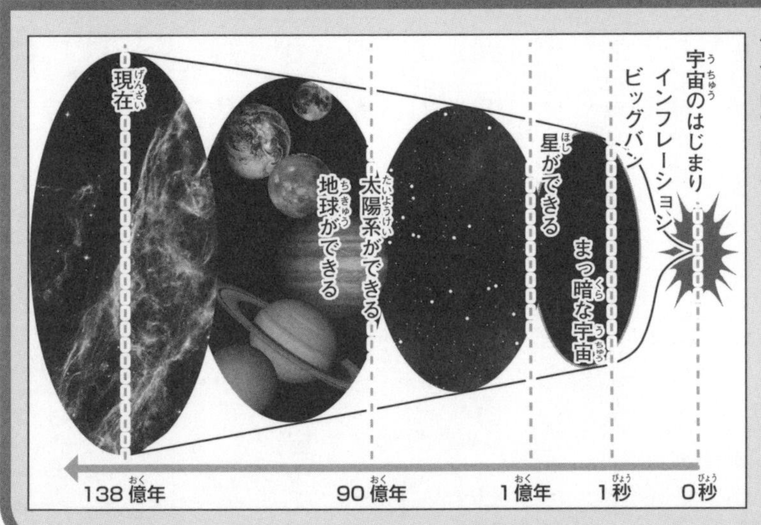

はみだしクイズ　旧制高校時代の南部さんが苦手だった科目は？　①国語　②数学　③物理

こどもノーベル賞新聞

物理学賞

2008年度

小林誠【1944〜】

益川敏英【1940〜】

今日のことば

「我々は科学をやっているのであってノーベル賞を目標にやってきたのではない」

（益川敏英の言葉。カッコいい〜！）

鏡　私は「CPの鏡」……。

かっ平　ぎょぎょっ！　か、鏡がしゃべった！　しかもこの鏡……こっちとあっちが「対称」じゃないぞ!?

鏡　私は、粒子の「電荷」という性質を逆にし（C変換）、さらに空間的に逆転させて映し出す（P変換）。こうして私に映るのが、「反粒子」というものだ……。

このとき、「粒子」と「反粒子」が「ちょうど逆」になっておらず、ズレが生じることを、「CP対称性の破れ」という……。小林誠と益川敏英は、この「CP対称性の破れ」がなぜ起こるかを説明できる「小林・益川理論」を発表し、ノーベル賞を受賞した……。

小林・益川理論から新しいクォーク見つかる!!

1964年、ジェームズ・クローニンとヴァル・フィッチ（ともにアメリカ合衆国）が、「CP対称性の破れ」の現象を発見した（ふたりは1980年度ノーベル物理学賞受賞）。

これに注目したのが、小林さんと益川さん。このふしぎな現象を、どうすれば説明できるのか、ふたりはう〜んと考えた。

素粒子の中に「クォーク」という分類がある（85ページ）。1970年ごろまで、クォークには4種類しかないと考えられていた。しかし小林さんと益川さんは1972年、「CP対称性の破れを説明するためには、クォークは少なくとも6種類、存在しなければいけないはずだ！」という「小林・益川理論」を発表した。

当時は「まっさかぁ〜」などといわれることもあったが……その後、ふたりの理論どおり、もう2種類のクォークが発見された。2002年には、CP対称性の破れが小林さんと益川さんの理論どおりに起こることが、実験でたしかめられ、ふたりのノーベル賞につながったんだ！

素粒子の分類

クォーク

u	c	t
アップクォーク	チャームクォーク	トップクォーク
d	s	b
ダウンクォーク	ストレンジクォーク	ボトムクォーク

レプトン

e	μ	τ
電子	ミュー粒子	タウ粒子
ν_e	ν_τ	ν_μ
電子ニュートリノ	ミューニュートリノ	タウニュートリノ

ゲージ粒子

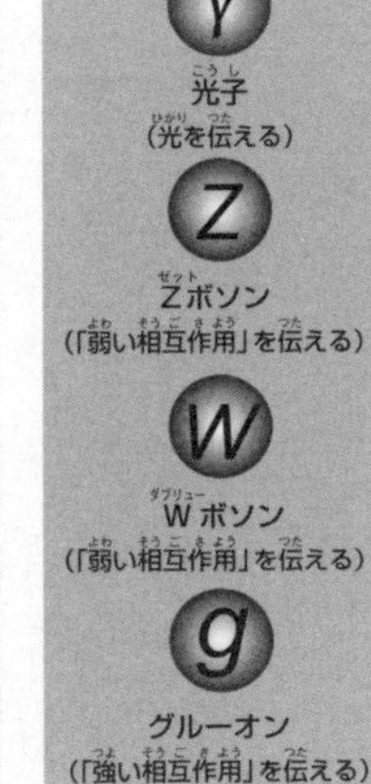

H
ヒッグス粒子（131ページ）

もしもCP対称性が破れていなかったら……

「粒子」には、それと反対の電荷をもつ「反粒子」が存在する。粒子と反粒子は、ぶつかり合うといっしょに消えてしまう。

もしもCP対称性が破れていなかったら、粒子と反粒子はちょうど同じ数だけ生じ、ぶつかり合って全部が消えてしまうらしい！　そんなことになったら、この宇宙に何もなくなっちゃうよ〜!!

私たちが今こうしていられるのも、CP対称性の破れのおかげなんだね。

これが宇宙のすべてだ!! グラショウのウロボロス

とても小さい、ミクロの素粒子の世界を解明することは、宇宙の秘密を解くことにもつながる。

ここで紹介するのは、1979年度ノーベル物理学賞受賞のシェルドン・グラショウ（アメリカ合衆国）が考案した、宇宙の構造の絵だ。自分の尻尾をくわえたウロボロスという蛇のイメージさ。一番大きなところと一番小さなところが、つながっていることがわかるね！

はみだしクイズ　小林さんが少年時代に打ち込んだスポーツは？　①テニス　②野球　③サッカー

こども ノーベル賞 新聞

化学賞

2008年度

下村脩
緑色蛍光タンパク質（GFP）を発見した。
【1928〜　】

下村脩博士が研究したのは、光る生き物たちよ。生き物が光るしくみには、3種類あるの。「反射」と「蛍光」と「発光」よ。

反射とは、外から来た光をはね返して輝くこと。蛍光とは、外から来た光のエネルギーによって、自分も光るというもの。発光とは、化学反応によって自分の中から光を放つことよ。

オワンクラゲは、イクリオンという物質による発光と、緑色蛍光タンパク質（GFP）の蛍光を組み合わせているの。それらの物質を発見したのが下村さん。GFPは、医学などにとても役立てられているのよ。（海月光）

今日のことば

「こどもたちにはどんどん興味をもったことをやらせてあげて。やりはじめたら、やめたらダメですよ」

（下村脩の言葉。よ〜し、やってみよう！）

クイズのこたえ　133ページのこたえ　①テニス　（当時はまだ、テニスをする人は多くなかったんだって）

ロジャー・Y・チエン

2008年度 化学賞

【1952～　　】

アメリカ合衆国の生化学者

ＧＦＰを参考にして、緑色以外のさまざまな色に光るタンパク質を発見・開発した！

何種類もの色の使い分けによって、多くのタンパク質の複雑な動きを、同時に見て取ることができるようになった。

がんの治療や脳のしくみの解明など、生理学・医学に欠かせない道具をつくったんだ。

マーティン・チャルフィー

2008年度 化学賞

【1947～　　】

アメリカ合衆国の化学者

ＧＦＰを、何と、オワンクラゲ以外の生物の体内に入れて光らせることに成功した！

光るタンパク質は観察しやすい。これを使うことで、体の中でのタンパク質の動きを、くわしく知ることができるんだ。

ＧＦＰという物質を有名にしたのは、このチャルフィーさんだよ。

はみだしクイズ　下村さんがオワンクラゲより前に研究していたのは？　①ウミネコ　②ウミウシ　③ウミホタル

「21」世紀の世界

ワンガリ・マータイ

【1940～2011】

ケニア出身の環境保護活動家・政治家

アメリカ合衆国で勉強したのち、アフリカの政治の民主化や、環境保護のためにはたらいた。

2005年に日本を訪れたとき、「もったいない」という言葉を知って、感動する。「モッタイナイ」を世界に広めるキャンペーンまで行ったよ。

▲2007年、世界社会フォーラムで発言するマータイ（写真：the-time-line）。

2001年9月11日 アメリカ同時多発テロ

写真：cliff1066

アメリカ合衆国最大の都市ニューヨークで、航空機を世界貿易センタービルに突入させるという、前代未聞のテロ事件が発生。3000人以上が犠牲に……。

テロ（テロリズム）とは、政治的な目的のために、戦場ではない場所で暴力を用いること。この「9.11」の事件以降、21世紀の世界では、テロが多く発生するようになった。

テロから身を守るにはどうすればいいか、そしてテロを発生させないためにはどうすればいいか。大きな課題だね。

2001

今日のことば

「本を手に取り、ペンを握りましょう。それが私たちにとってもっとも強力な武器なのです」

（マララ・ユスフザイの言葉）

クイズのこたえ　135ページのこたえ　③ウミホタル　（この動物も、海の中で光るんだ）

世界を見渡してみると、いろいろなところにたくさんの問題があることがわかる。「そんなの関係ないよ」なんていわないで！　将来何かできることがないか、考えてみよう！

2014年度 平和賞

マララ・ユスフザイ

【1997～　　】

パキスタン出身の人権運動家

女性の権利や女性教育の必要性、平和を訴える。

宗教的な理由などから、彼女に強く反発する人たちもいて、マララさんは命を狙われもした。それでも恐れずに、声をあげつづけているよ。

ノーベル賞受賞当時17歳！　何てえらい人なんだろう……!!

▲2014年、ロンドンのガール・サミットにて（写真：ラッセル・ワトキンス／イギリス国際開発省）。

2012年度 平和賞

欧州連合（EU）

【1993～　　】

ヨーロッパの国々をひとつに統合するための、国を超えた連合

ヨーロッパの国々が平和に安定して協調し、国のちがいを乗り超えてひとつになることをめざす欧州連合。ただ2016年には、イギリスの国民投票が、この欧州連合からの離脱という結果を出してしまった。これからいったいどうなるんだろう……？

2011

2011年3月11日 東日本大震災

日本の東北地方の太平洋沖を震源とする大地震と津波から、原子力発電所の事故も起きた。社会を考え直すきっかけに。

2009年度 平和賞

バラク・オバマ

【1961～　　】

アメリカ合衆国初のアフリカ系大統領

「核兵器のない世界をめざす」と宣言。2016年、アメリカ大統領としてははじめて、原子爆弾の被爆地である広島を訪問したよ。

はみだしクイズ　欧州連合の本部はどこにある？　①ローマ　②ブリュッセル　③アムステルダム

こども ノーベル賞 新聞

化学賞

2010年度

鈴木 章
根岸 英一
リチャード・ヘック

今までにあったもの同士を、部品のようにつなげて、新しいものを自由自在につくる——何だか、ワクワクしてこない!?

2010年度のノーベル化学賞は、そんな方法「クロスカップリング」を考え出した、3人の研究者が受賞したよっ。そのうちふたりは日本の化学者、鈴木さんと根岸さんだ!

今日のことば

「教科書に載るような大きな仕事をしなさい」

（鈴木章と根岸英一の師ハーバート・ブラウン〈1979年度ノーベル化学賞〉の言葉）

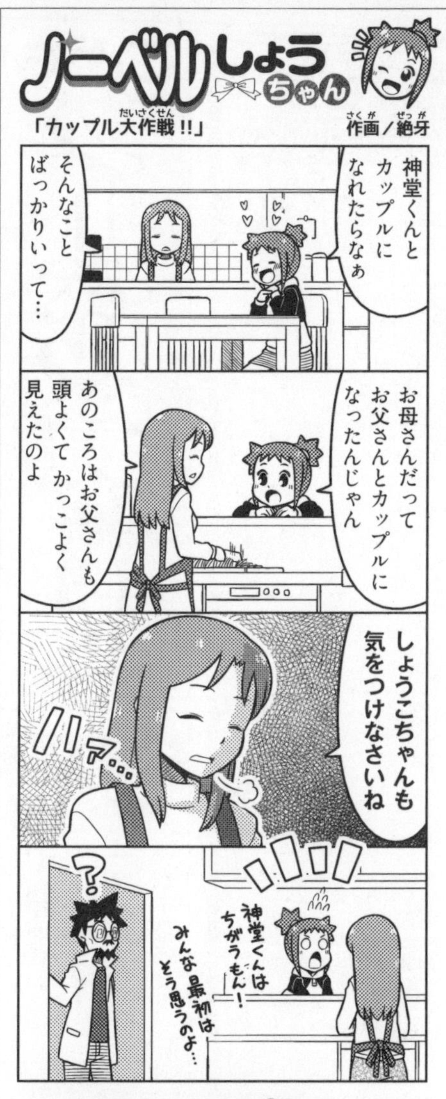

クロスカップリング

有機化合物A　有機化合物B

結びつける

有機化合物C

＊簡略化して表しています。

すべての物質は、分子というものが集まってできているんだったね（25ページ）。分子は原子が結びついてできている。そして原子の種類のことを、元素という言葉で表す。

元素の中には、「炭素」というものがある。そして炭素を中心につくられる物質を、「有機物（有機化合物）」というんだ。

生命の活動によってつくられる物質は、ほとんどが有機物だよ。私たちの命や暮らしは、有機物に支えられて成り立っているといえる。

長いあいだ、有機物を人工的につくり出すことはできないと思われていた。しかし19世紀に、有機物を人工的に合成できるようになった。

そしてクロスカップリングとは、異なる有機物と有機物とを結びつけて、新しい有機物を合成する方法。医薬品や液晶など、役に立つ新しい物質を、次々と合成できるようになったんだ。

ココがスゴい!!

クロスカップリングの中でも、炭素と炭素をつなぐことで有機化合物同士を結合するのは、とても困難だった。しかし1970年代、クロスカップリングはグンと進歩する。

まず日本の溝呂木勉とアメリカ合衆国のヘックが、「溝呂木・ヘック反応」を、それぞれ独自に開発。さらに、日本の化学者による「熊田・玉尾カップリング」で、技術が飛躍的に向上した。

これらをもとに考え出されたのが、「根岸カップリング」や「鈴木カップリング」。とくに「鈴木カップリング」は、これまで難しいとされてきた空気中や水中でも、安定して正確な合成ができるようになり、応用範囲が広がった。

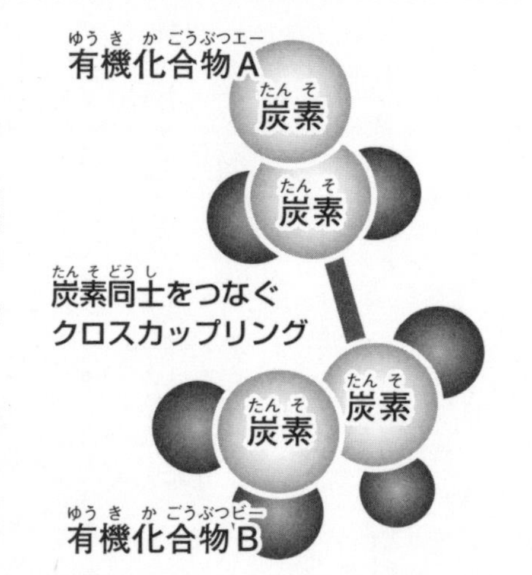

はみだしクイズ　鈴木さんのこどものころのあだ名は？　①一休さん　②二宮金次郎　③三年寝太郎

こどもノーベル賞新聞

生理学・医学賞

2012年度

山中伸弥【1962〜】

ジョン・ガードン【1933〜】

人類は、とうとうここまで来ました！　生き物のコピーをつくる「クローン」の技術を開発したガードン（イギリス）と、万能細胞「iPS細胞」をつくった山中伸弥（日本）が、ノーベル賞を受賞です!!

万能細胞とは、体のいろいろな部分の細胞になることができるもの。たとえば、内臓に病気がある人も、指が使えなくなってしまった人も、iPS細胞で治せるようになるかも！

iPS細胞という名前の「i」だけが小文字なのは、携帯音楽プレーヤー「iPod」みたいに、みんなに喜んで使ってもらえるようにと、ネーミングを工夫したそうです。

今日のことば

「人間万事塞翁が馬」

（中国のことわざで、山中伸弥の座右の銘。よくないと思っていたことでも、あとになって状況が変わると、じつはいいことだったとわかることがある、ということ）

クイズのこたえ　139ページのこたえ　②二宮金次郎（勉強熱心で、いつも本を読んでいたというよ）

今後、自分の細胞からいろいろな臓器をつくれる可能性もある。臓器移植のとき、他人の臓器をもらうよりも安全になるとされる。

ココがスゴい!!

ｉＰＳ細胞のヒントになったのは、これも万能細胞であるＥＳ細胞だ。

ＥＳ細胞は、受精卵をもとにつくられる。ということは、ひとりの人間に成長できたかもしれない受精卵を、ひとつ使ってしまうのだ。これに対してｉＰＳ細胞は、体細胞（体の細胞）から簡単につくれるのがスゴい！

はみだしクイズ　山中さんが中学校と高校のころやっていたのは？　①野球　②水泳　③柔道

クイズのこたえ　141ページのこたえ　③柔道（大学2年生以降は、ラグビーをやっていた）

発光ダイオード（LED）とは!?

「白熱電球以来の新しい照明」といわれる発光ダイオード（LED）の、青色LEDを開発した3人が物理学賞を受賞。

あなた、白熱電球にさわったことある？「アチチッ！」ってならなかった？

白熱電球は、熱を光に変えるものなの。フィラメントという部分に電気を通すとき、電気の抵抗で熱が生まれ、その熱のエネルギーの一部が、光に変換されるのよ。

【白熱電球】

フィラメント

電気

白熱電球は、火を燃やさずに光をつくれるようになった、画期的な大発明よ。でもこのやり方だと、熱のエネルギーのうちで光に変換されるのは、たった1割ほど。それに、フィラメントが切れると、光らなくなってしまうわ。

そこで、さあ、発光ダイオード（LED）の出番よ！

LEDは、電気のエネルギーをいったん熱に変えたりせずに、そのまま光にするの。だから途中でエネルギーが失われるのを防ぐことができて、とても効率がいいのよ。

【LED】

ホール　電子

P型半導体　N型半導体

これは、2種類の半導体（66ページ）をくっつけたところで、プラスの電気をもつ「ホール」とマイナスの電気をもつ電子が結びつき、光を出すしくみになっているの。

使う電気が少なくてすむし、フィラメントがないから切れる心配もないわ。

このLED、用いる半導体の素材によって、出る色が変わってくるの。

多彩な色を表現するには、「光の3原色」である赤・青・緑のLEDがあればいいの。でも青色のLEDはなかなかできず、20世紀中の完成は難しいとされていたわ。

【光の3原色】

赤　白　緑　青

だけど1990年代、赤﨑さん・天野さんと中村さんが、それぞれ独自に、青色のLEDをついに発明！　このおかげで、白い光もつくれるようになったわ。

クールなLEDだけど……アツいわね!!（海月 光）

私たちの暮らしを照らすもの博

原始時代　火を使うようになった

火を使った明かりの時代がつづく

1860年　スワン

1879年　エジソン

白熱電球を発明

1938年　蛍光灯発売

1962年　ホロニアックにより、赤色LED発明

1968年　緑色LED

1992年　青色LED

1996年　白色LED

2014年　青色LEDでノーベル賞受賞

はみだしクイズ　中村さんはどこに住んでいる？（2016年現在）　①イギリス　②フランス　③アメリカ合衆国

こども ノーベル賞 新聞

物理学賞

2015年度

梶田 隆章

「ニュートリノ振動」を発見した物理学者。

【1959～　　　】

今日のことば

「認められるまで、自分の道が正しいと思って頑張った」

（梶田隆章の言葉。やっていることがすぐには認められなくても、あきらめちゃダメ！）

目に見えず、何でも通り抜けて、光の速さで飛ぶ素粒子ニュートリノ（126ページ）、またの名を「幽霊粒子」……ひゃー怖いっ‼　わがはいは、お化けだけは苦手なのである……。

このニュートリノには、「質量」がないと思われていた。簡単にいうと、「物質としての量」がゼロだからこそ何でもすり抜けるし、「動かしにくさ」がゼロだからこそ光の速さで飛べるんだ、と思われていたのだな。

だが梶田隆章は、このニュートリノにじつは「質量」があるということを証明したのである！　素粒子と宇宙の謎が、またひとつ解けたのである。わがはい、コーフン！（泥門 飢魔暮）

クイズのこたえ　143ページのこたえ　③アメリカ合衆国（アメリカ国籍も取得したんだ）

梶田さんがニュートリノの研究を行う スーパーカミオカンデ

126ページに登場したカミオカンデをパワーアップさせた研究施設、それが「スーパーカミオカンデ」だ!!

カミオカンデと同じく、岐阜県飛騨市の神岡鉱山地下にあるぞ!

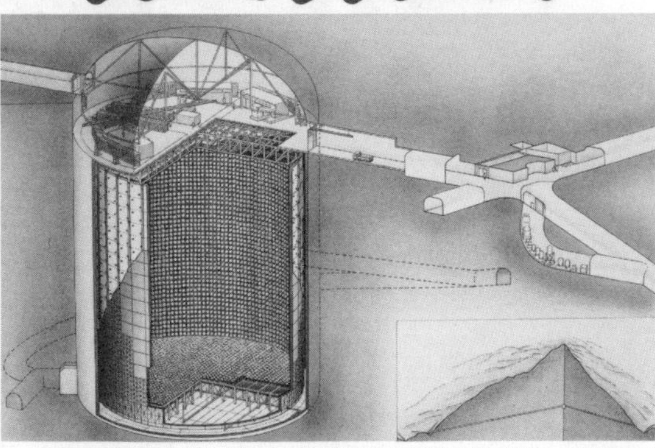

画像：東京大学宇宙線研究所 神岡宇宙素粒子研究施設

「質量」って何？

「質量」とは、「物質としての量」のことであり、「動かしにくさ」のこと。大きくて重いものほど、動きにくいよね。

質量は「重さ」に似ているけど、ちょっとちがう。重さは、じつは場所によって変わる。でも質量は、どんな場所でも同じ「物質としての量」なんだ。

30キログラム

重力が1/6の月へ行くと……

質量は同じでも重さが変わる

5キログラム

ニュートリノにも質量があった!!

梶田さんたちが「スーパーカミオカンデ」を使って、地球の大気中で発生するニュートリノを調べていると、面白い発見があった。

ニュートリノは何でもすり抜けるから、地球の反対側で発生して、地面の下からスーパーカミオカンデへ飛んで来るニュートリノもあるはずだよね。その地下からのニュートリノと、上空からのニュートリノを比べたところ、種類の分布の仕方がちがったんだ。

このことから、「長い距離を飛んだニュートリノは、種類が変わる」ということがわかった。この種類の変化を、「ニュートリノ振動」という。このニュートリノ振動が起こるためには、ニュートリノに質量がなければならないんだ!!

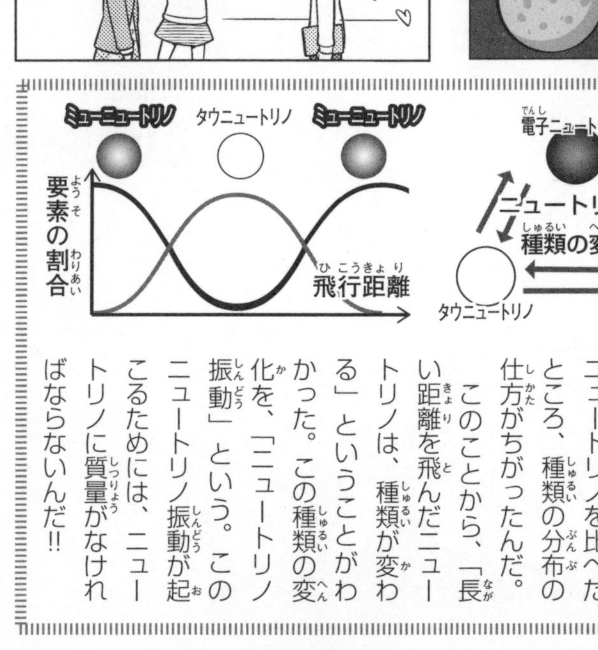

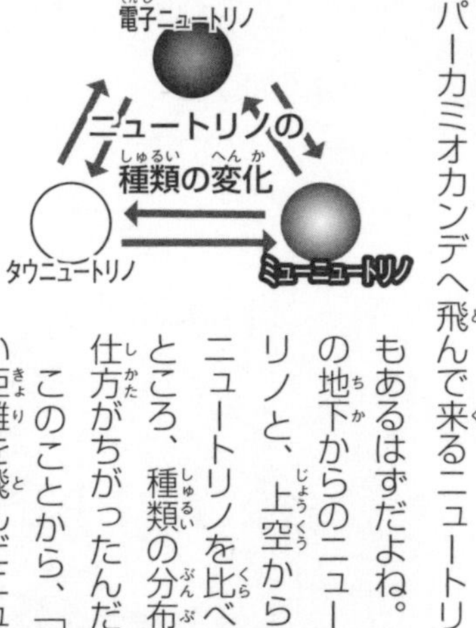

はみだしクイズ　スーパーカミオカンデの容積は、カミオカンデの何倍？　①3倍　②9倍　③15倍

ワン!!ダフルな生活に密着

2015年度の生理学・医学賞受賞の大村智さんは、研究がすごいだけでなく、いろいろな顔をもつ人だったワン！　その生活を追いかけたワ〜ンっ!!（犬村さとし）

アメリカの企業と共同で薬品を開発だワン！

大村さんは、微生物（目に見えないほど小さな生き物）がつくり出す物質を研究して、新しい薬をつくりつづけてきたワン。

動物のダニや寄生虫を退治する「エバーメクチン」のほか、細菌をやっつける薬、がんに効く薬など、大村さんの研究室は20種類以上の薬を開発しているク〜ン！

び、美術館病院……!? 何というアイディアだワンっ!!

大村さんは、経営の実力もある人だワン。新しい病院をつくったけれど……何これ!?　入り口にも待合室にも、本格的な絵がかざってあるワン！

「待っている時間に、患者さんが絵を見てなごめるように」という、大村さんのやさしさなんだク〜ン。しかも、どの絵も、とってもセンスあるワン!!

ここほれワンワン！どこでも土を採取!!

薬品の開発のために、微生物を研究する大村さん。その微生物は、土の中なんかにいっぱいいるバウ。

だから大村さんは、いつでも小さなビニール袋をポケットに入れていて、気になる土があったら採取するんだワン！

こども ノーベル賞 新聞

生理学・医学賞

2015年度

大村 智

微生物を研究して、人の命を救う薬をつくった。

【1935〜　】

今日のことば

「人の役に立つことをしなさい」

（大村智が、おばあさんからいい聞かせられた言葉。人生の分かれ道に立ったとき、いつもこの言葉を思い出して、進む道を決めてきたんだって！）

クイズのこたえ　145ページのこたえ　③**15倍**　（カミオカンデもすごかったのに、その15倍って……ヒョエー!!）

ノーベルしょうちゃん
「ああ……生き返るぅ〜」
作画／絶牙
今日は大村さんの温泉に来ました
温泉って気持ちいいね−！
本当ねぇ

日常のゴタゴタしたことすべてを
忘れられるわ…

気持ちよかったねぇ
どちらさまですか？

2015年度 生理学・医学賞 大村智さんの

温泉だ〜い好き!!

温泉が好きな大村さんは、何と何と！　温泉入浴施設のオーナーだワン!!

山梨県韮崎市のこの温泉、露天風呂からの眺めもよくて最高だワン、極楽だワ〜ン！

年間2億人以上の命を救う!!

アフリカで多くの人を苦しめていた「オンコセルカ症」。「フィラリア」という種類の寄生虫によって広まる感染症だバウ。

この病気の治療に役立つのが、大村さんの発見した微生物がつくる「エバーメクチン」をもとに開発された、「イベルメクチン」だワン。寄生虫をやっつけてくれるワン!!

大村さんのつくった薬によって、年間２億人以上の人が、病気から救われているそうだク〜ン。ボク、とっても尊敬してるク〜ン!!

はみだしクイズ　大村さんの温泉の横に立っているのは？　①美術館　②研究室　③病院

クイズのこたえ 147ページのこたえ ①美術館 (大村さんが故郷の韮崎市に寄贈した、韮崎大村美術館だ)

国道41号は、富山特産のブリを運ぶ「ブリ街道」とも呼ばれた。ブリは成長につれて名前が変わる「出世魚」。考えてみると、ノーベル賞は究極の「出世」かもね。

▲名古屋大学の豊田講堂（写真：名古屋大学）。

名古屋もすごいんだぞ！

富山県が命名した「ノーベル街道」は、岐阜県高山市までだけど、国道41号は、愛知県名古屋市までつながっているよ。名古屋ゆかりのノーベル賞受賞者は、なんと6人！ とくに、名古屋大学での研究がさかんなんだ。

野依 良治

名古屋大学・大学院で教える。

小林 誠

名古屋出身、名古屋大学卒。

益川 敏英

名古屋出身、名古屋大学卒。

下村 脩

名古屋大学で一時研究。

赤﨑 勇

名古屋大学・名城大学で研究。

天野 浩

名古屋大学卒、名城大学で研究。

名所案内 行ってみよう！

道の駅スカイドーム・神岡

国道41号の道の駅。「ニュートリノコーナー」があって、梶田隆章さんのノーベル物理学賞受賞理由になったニュートリノ検出施設スーパーカミオカンデ（145ページ）の模型を展示している。体験学習もできるよ。

〒506-1124
岐阜県飛騨市神岡町夕陽ヶ丘6番地
☎（0578）82-6777

写真：道の駅スカイドーム・神岡

はみだしクイズ 国道って何本くらいあるの？（2016年現在） ①100本くらい ②500本くらい ③1000本くらい

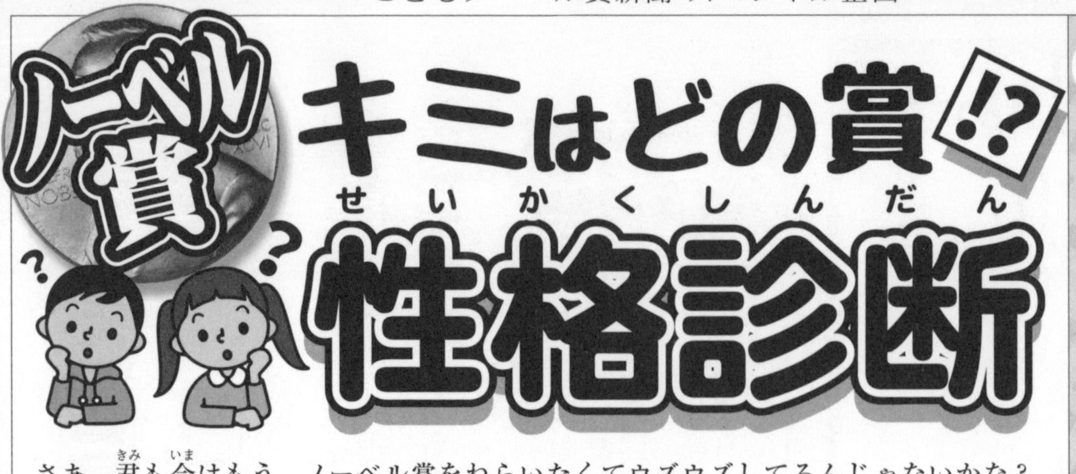

キミはどの賞!? 性格診断

さあ、君も今はもう、ノーベル賞をねらいたくてウズウズしてるんじゃないかな？
どの賞をめざせば君にピッタリか、この性格診断を参考にしてね！

質問
行ってみたいのはどっち？
a. 別の世界
b. 宇宙の果て

質問
雨が降っていたら、どっちに行く？
a. 図書館
b. 体育館

質問
入院した友だちにあげたいのは？
a. はげましの手紙や言葉
b. お見舞いのプレゼント

質問
どっちが得意？
a. 作文　b. 計算

質問
今ほしいのはどっち？
a. おかし
b. おもちゃ

質問
どっちで遊びたい？
a. 昆虫
b. ロボット

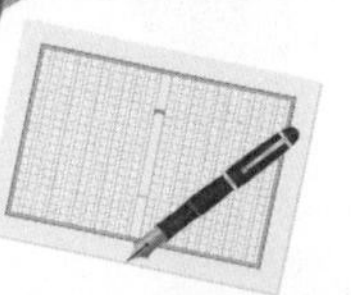

この性格診断は、あくまで参考程度に。自分がやりたいことを、思いっきりやればいいんだよ！

こどもノーベル賞新聞 スペシャル企画
キミにはどの賞が向いているかな？

今日のことば

「いつも歩く道を離れ、未踏の森に飛び込み、新しいものを探れ」（江崎玲於奈〈88ページ〉の言葉。何だか、勇気がわいてくるね！）

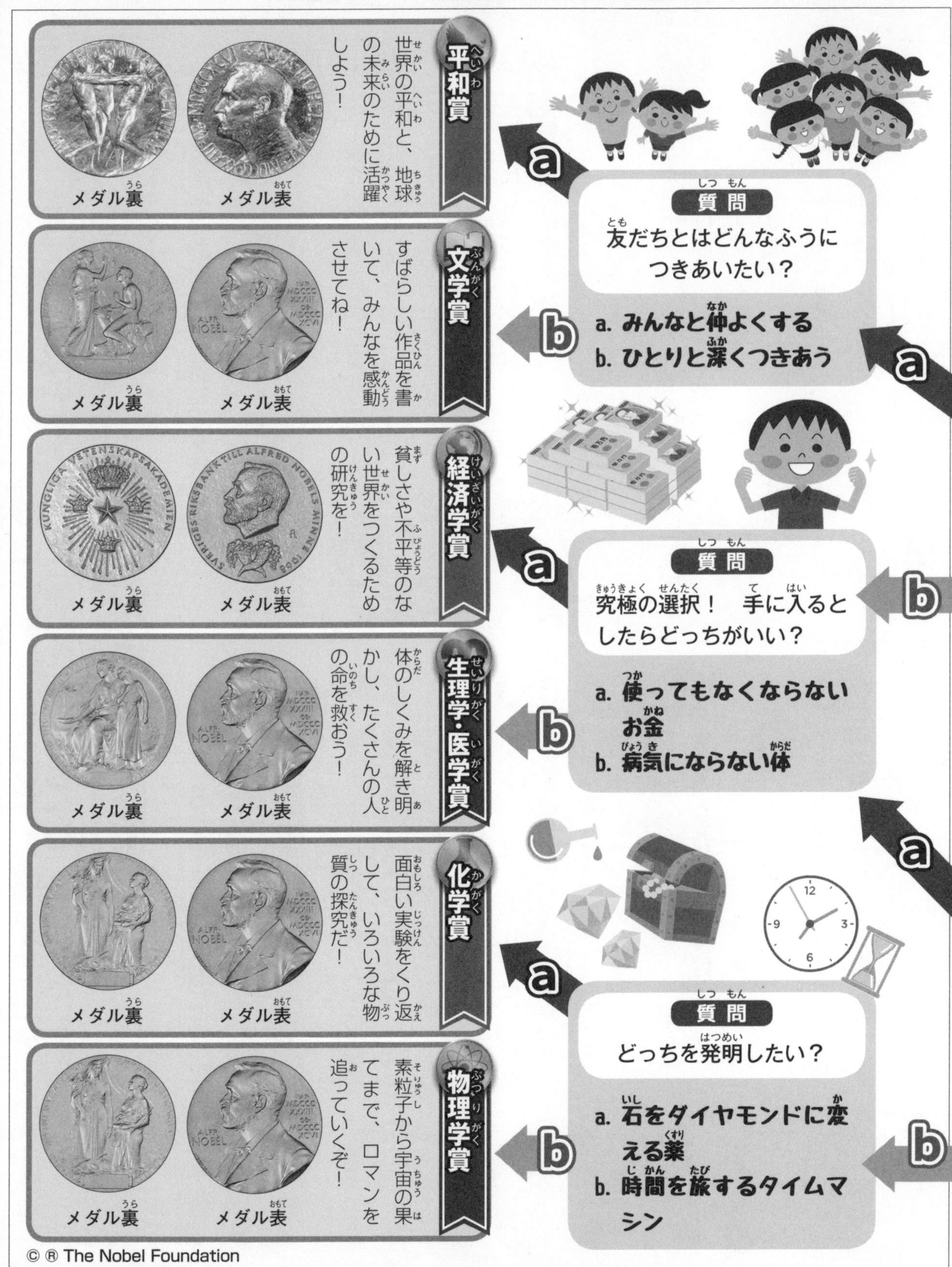

はみだしクイズ これまでで最年少の受賞者は？（2016年9月現在） ①ハイゼンベルク ②ブラッグ ③ユスフザイ

こどもノーベル賞新聞

スペシャル企画

みなさんお待ちかねクイズの時間だよ!!

今日のことば

「過去から学び、今日のために生き、未来に対して希望をもつ」（アインシュタイン〈36ページ〉の言葉。みんなもいろんなことを学んで、楽しく生きていこう！）

STEP 1 おさらいク〜イズ！

友だちやお家の人に話してあげよう！

Q.01 ノーベル賞の第1回の授賞式は、何年に行われた？

〔ヒント　20世紀のはじまりの年だよ。⬇12ページ〕

Q.02 女性ではじめてノーベル賞を受賞したのは誰？

〔ヒント　「放射能」という名前を考えた。⬇14ページ〕

Q.03 アジアではじめてノーベル賞を受賞したのは誰？

〔ヒント　文学賞を受賞した。⬇30ページ〕

Q.04 ノーベル平和賞の授賞式はどこで行われる？

〔ヒント　この賞だけ特別だよ。⬇11、118ページ〕

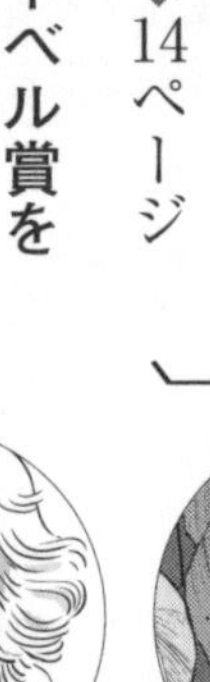

STEP 2 ちしき王ク〜イズ!!

フフフ……この問題にはこたえられるかな？

Q.05 原子のモデルをつくって、「原子物理学の父」と呼ばれたのは誰？

〔ヒント　「放射性崩壊」を研究した。⬇24ページ〕

Q.06 プランク、ボーア、ハイゼンベルクなどが研究した物理学の分野は？

〔ヒント　波と粒子の二重の性質をもつもの。⬇42ページ〕

Q.07 ワトソンとクリックが、二重らせん構造だと見抜いたのは何？

〔ヒント　遺伝子とかかわるものだ。⬇72ページ〕

Q.08 カミオカンデやスーパーカミオカンデで調べた素粒子の名前は？

〔ヒント　「幽霊粒子」とも呼ばれる。⬇126、144ページ〕

STEP 3 ヒントなしで挑戦だあ~!! 超マニアック・ク~イズ!!

Q.09 ノーベル賞を2回受賞した人は何人いる?

Q.10 世界の中で、ノーベル賞受賞者が一番多い国はどこ?

Q.11 日本人は、これまで何人ノーベル賞を受賞している?

Q.12 ノーベル賞を何人かで同時に受賞すると、賞金はどうなる?

クイズのこたえ

A.01 ➡**1901年**
20世紀とともに、ノーベル賞ははじまった。

A.02 ➡**マリー・キュリー**
初の夫婦同時受賞でもあった。

A.03 ➡**ラビンドラナート・タゴール**
インドの詩人で、科学者たちとも交流した。

A.04 ➡**ノルウェーのオスロ**
ほかはスウェーデンのストックホルム。

A.05 ➡**アーネスト・ラザフォード**
ミクロの世界の開拓者だ。

A.06 ➡**量子論**
現代の物理学の土台となっている。

A.07 ➡**DNA**
「デオキシリボ核酸」の略称だよ。

A.08 ➡**ニュートリノ**
「電気的に、プラスでもマイナスでもないもの」という意味だ。

A.09 ➡**4人**
マリー・キュリー、バーディーン(66ページ)、サンガー(73ページ)、ポーリング(74ページ)だ。

A.10 ➡**アメリカ合衆国**
2015年度までに、345人が受賞。

A.11 ➡**24人(受賞時に他国の国籍の人も含む)**
湯川秀樹から梶田隆章、大村智まで。

A.12 ➡**分け合う**
選考委員が決めた割合で分ける。

(2016年9月現在)

はみだしうわさ 親子ともにノーベル賞を受賞した人たちは、世界にはこれまで7組いるんだって(2016年9月現在)。

ノーベル賞受賞者一覧

受賞年度	部門	受賞者	出生地・所在地	職業など	受賞理由・おもな業績・代表作
2012	平和賞	欧州連合（ＥＵ）	ベルギー	地域共同体	ヨーロッパの平和・民主主義などへの貢献。（137 ページ）
	経済学賞	アルヴィン・ロス	アメリカ	経済学者	安定配分理論と市場設計の実践に関する功績。
	経済学賞	ロイド・シャープレー	アメリカ	経済学者	安定配分理論と市場設計の実践に関する功績。
2013	物理学賞	フランソワ・アングレール	ベルギー	物理学者	ヒッグス粒子により質量の起源を説明。（131 ページ）
	物理学賞	ピーター・ヒッグス	イギリス	物理学者	ヒッグス粒子により質量の起源を説明。（131 ページ）
	化学賞	マーティン・カープラス	オーストリア	化学者	複雑な化学系のためのマルチスケールモデルの開発。
	化学賞	マイケル・レヴィット	南アフリカ	生物物理学者	複雑な化学系のためのマルチスケールモデルの開発。
	化学賞	アリー・ウォーシェル	イスラエル	生化学者・生物物理学者	複雑な化学系のためのマルチスケールモデルの開発。
	生理学・医学賞	ジェームズ・ロスマン	アメリカ	細胞生物学者	タンパク質の小胞輸送のしくみの解明。
	生理学・医学賞	ランディ・シェクマン	アメリカ	細胞生物学者	タンパク質の小胞輸送のしくみの解明。
	生理学・医学賞	トーマス・スードフ	ドイツ	生化学者	タンパク質の小胞輸送のしくみの解明。
	文学賞	アリス・マンロー	カナダ	作家	『木星の月』、『イラクサ』など。
	平和賞	化学兵器禁止機関	オランダ	国際機関	化学兵器を世界からなくすための多大な努力。
	経済学賞	ユージン・ファーマ	アメリカ	経済学者	資産価格の実証分析に関する功績。
	経済学賞	ラース・ハンセン	アメリカ	経済学者	資産価格の実証分析に関する功績。
	経済学賞	ロバート・シラー	アメリカ	経済学者	資産価格の実証分析に関する功績。
2014	物理学賞	赤﨑 勇	日本	半導体工学者・化学工学者	青色発光ダイオードの発明。（142 ページ）
	物理学賞	天野 浩	日本	半導体工学者	青色発光ダイオードの発明。（142 ページ）
	物理学賞	中村 修二	日本	電子工学者	青色発光ダイオードの発明。（142 ページ）
	化学賞	エリック・ベツィグ	アメリカ	物理学者	超高解像度蛍光顕微鏡の開発。
	化学賞	シュテファン・ヘル	ルーマニア	物理学者	超高解像度蛍光顕微鏡の開発。
	化学賞	ウィリアム・モーナー	アメリカ	化学者・物理学者	超高解像度蛍光顕微鏡の開発。
	生理学・医学賞	ジョン・オキーフ	アメリカ	神経科学者	脳内の空間認知システムを構成する細胞の発見。
	生理学・医学賞	マイブリット・モーセル	ノルウェー	心理学者・神経科学者	脳内の空間認知システムを構成する細胞の発見。
	生理学・医学賞	エドバルド・モーセル	ノルウェー	心理学者・神経科学者	脳内の空間認知システムを構成する細胞の発見。
	文学賞	パトリック・モディアノ	フランス	小説家	『暗いブティック通り』、『八月の日曜日』など。
	平和賞	Ｋ・サティーアーティ	インド	こどもの権利活動家	児童と青年への抑圧に対する闘い。
	平和賞	マララ・ユスフザイ	パキスタン	人権活動家	銃撃を受けながらも女性差別を告発。（137 ページ）
	経済学賞	ジャン・ティロール	フランス	経済学者	市場の力と規制の分析に関する功績。
2015	物理学賞	梶田 隆章	日本	物理学者	ニュートリノ振動の発見。（144 ページ）
	物理学賞	Ａ・Ｂ・マクドナルド	カナダ	天体物理学者	ニュートリノ振動の発見。
	化学賞	トマス・リンダール	スウェーデン	医学者	ＤＮＡ修復のしくみの研究。
	化学賞	ポール・モドリッチ	アメリカ	生化学者	ＤＮＡ修復のしくみの研究。
	化学賞	アジズ・サンジャル	トルコ	生化学者・生物物理学者	ＤＮＡ修復のしくみの研究。
	生理学・医学賞	Ｗ・Ｃ・キャンベル	アイルランド	生物学者・寄生虫学者	寄生虫による感染症に対する新たな治療法の開発。
	生理学・医学賞	大村 智	日本	化学者	上と同じ。（146 ページ）
	生理学・医学賞	屠呦呦	中国	医学者・薬学者	マラリアに対する新たな治療法に関する発見。
	文学賞	Ｓ・アレクシエーヴィッチ	ウクライナ	作家・ジャーナリスト	『戦争は女の顔をしていない』など。
	平和賞	チュニジア国民対話カルテット	チュニジア	４つの団体の連合	ジャスミン革命後のチュニジアの民主化に貢献。
	経済学賞	アンガス・ディートン	イギリス	経済学者	消費・貧困・福祉の分析に関する功績。

ノーベル賞受賞者一覧

受賞年度	部門	受賞者	出生地・所在地	職業など	受賞理由・おもな業績・代表作
2008	平和賞	マルッティ・アハティサーリ	ロシア	政治家・フィンランド大統領	国際紛争解決のための和平交渉。
	経済学賞	ポール・クルーグマン	アメリカ	経済学者	貿易と経済活動の立地に関する分析。
2009	物理学賞	チャールズ・カオ	中国	電気工学者・物理学者	光ファイバー内の光の伝送に関する革新的業績。
	物理学賞	ウィラード・ボイル	カナダ	物理学者	半導体撮像素子ＣＣＤの発明。
	物理学賞	ジョージ・スミス	アメリカ	物理学者	半導体撮像素子ＣＣＤの発明。
	化学賞	Ｖ・ラマクリシュナン	インド	生化学者	リボソームの構造と機能の研究。
	化学賞	トーマス・スタイツ	アメリカ	生化学者	リボソームの構造と機能の研究。
	化学賞	アダ・ヨナス	イスラエル	結晶学者	リボソームの構造と機能の研究。
	生理学・医学賞	エリザベス・ブラックバーン	オーストラリア	生化学者	テロメアとテロメラーゼ酵素が染色体を保護するしくみの発見。
	生理学・医学賞	キャロル・グライダー	アメリカ	分子生物学者	テロメアとテロメラーゼ酵素が染色体を保護するしくみの発見。
	生理学・医学賞	ジャック・ショスタク	イギリス	生化学者	テロメアとテロメラーゼ酵素が染色体を保護するしくみの発見。
	文学賞	ヘルタ・ミュラー	ルーマニア	作家	『狙われたキツネ』、『息のブランコ』など。
	平和賞	バラク・オバマ	アメリカ	政治家	「核なき世界」のための取り組み。(137ページ)
	経済学賞	エリノア・オストロム	アメリカ	経済学者	共有資源など経済統治に関する分析。
	経済学賞	オリヴァー・ウィリアムソン	アメリカ	経済学者	企業の境界など経済統治に関する分析。
2010	物理学賞	アンドレ・ガイム	ロシア	物理学者	二次元物質グラフェンに関する革新的実験。
	物理学賞	コンスタンチン・ノボセロフ	ロシア	物理学者	二次元物質グラフェンに関する革新的実験。
	化学賞	リチャード・ヘック	アメリカ	化学者	パラジウム触媒クロスカップリング。(138ページ)
	化学賞	根岸 英一	満州国（日本）	化学者	パラジウム触媒クロスカップリング。(138ページ)
	化学賞	鈴木 章	日本	化学者	パラジウム触媒クロスカップリング。(138ページ)
	生理学・医学賞	Ｒ・Ｇ・エドワーズ	イギリス	生理学者	体外受精技術の開発。
	文学賞	マリオ・バルガス・リョサ	ペルー	小説家・政治家	『緑の家』、『世界終末戦争』など。(101ページ)
	平和賞	劉暁波	中国	作家・評論家・民主化活動家	中国での基本的人権のための非暴力的な闘い。
	経済学賞	ピーター・ダイアモンド	アメリカ	経済学者	労働経済におけるサーチ理論に関する功績。
	経済学賞	デール・モーテンセン	アメリカ	経済学者	労働経済におけるサーチ理論に関する功績。
	経済学賞	クリストファー・ピサリデス	キプロス	経済学者	労働経済におけるサーチ理論に関する功績。
2011	物理学賞	ソール・パールマッター	アメリカ	天体物理学者	超新星の観測による宇宙の加速膨張の発見。
	物理学賞	Ｂ・Ｐ・シュミット	アメリカ	天体物理学者	超新星の観測による宇宙の加速膨張の発見。
	物理学賞	アダム・リース	アメリカ	天体物理学者	超新星の観測による宇宙の加速膨張の発見。
	化学賞	ダン・シェヒトマン	イスラエル	化学者	準結晶（結晶でも非晶質でもない固体状態）の発見。
	生理学・医学賞	ブルース・ボイトラー	アメリカ	免疫学者	自然免疫の活性化に関する研究。
	生理学・医学賞	ジュール・ホフマン	ルクセンブルク	免疫学者	自然免疫の活性化に関する研究。
	生理学・医学賞	ラルフ・スタインマン	カナダ	免疫学者・細胞生物学者	樹状細胞と、獲得免疫におけるその役割の発見。
	文学賞	Ｔ・トランストロンメル	スウェーデン	詩人・心理学者	『悲しみのゴンドラ』など。
	平和賞	Ｅ・Ｊ・サーリーフ	リベリア	政治家	女性の安全と権利のための非暴力的な闘い。
	平和賞	レイマ・ボウィ	リベリア	平和活動家	女性の安全と権利のための非暴力的な闘い。
	平和賞	タワックル・カルマン	イエメン	ジャーナリスト・人権活動家	女性の安全と権利のための非暴力的な闘い。
	経済学賞	トーマス・サージェント	アメリカ	経済学者	マクロ経済の原因と結果をめぐる実証的な研究。
	経済学賞	クリストファー・シムズ	アメリカ	経済学者	マクロ経済の原因と結果をめぐる実証的な研究。
2012	物理学賞	セルジュ・アロシュ	モロッコ	物理学者	個々の量子系の計測と操作を可能にした手法の開発。
	物理学賞	デイヴィッド・ワインランド	アメリカ	物理学者	個々の量子系の計測と操作を可能にした手法の開発。
	化学賞	ロバート・レフコウィッツ	アメリカ	医学者・生化学者	Ｇタンパク質共役受容体の研究。
	化学賞	ブライアン・コビルカ	アメリカ	生化学者	Ｇタンパク質共役受容体の研究。
	生理学・医学賞	ジョン・ガードン	イギリス	生物学者	クローン技術の開発。(140ページ)
	生理学・医学賞	山中 伸弥	日本	医学者	ｉＰＳ細胞の開発。(140ページ)
	文学賞	莫言	中国	小説家	『赤い高粱』、『酒国』など。(65ページ)

ノーベル賞受賞者一覧

受賞年度	部門	受賞者	出生地・所在地	職業など	受賞理由・おもな業績・代表作
2004	経済学賞	エドワード・プレスコット	アメリカ	経済学者	リアルビジネスサイクル理論の開拓。
	経済学賞	フィン・キドランド	ノルウェー	経済学者	リアルビジネスサイクル理論の開拓。
2005	物理学賞	ロイ・グラウバー	アメリカ	物理学者	光学コヒーレンスの量子論への貢献。
	物理学賞	ジョン・ホール	アメリカ	物理学者	レーザーにもとづく精密な分光法の開発。
	物理学賞	テオドール・ヘンシュ	ドイツ	物理学者	レーザーにもとづく精密な分光法の開発。
	化学賞	イヴ・ショーヴァン	ベルギー	化学者	有機合成におけるメタセシス法の開発。
	化学賞	ロバート・グラブス	アメリカ	化学者	有機合成におけるメタセシス法の開発。
	化学賞	リチャード・シュロック	アメリカ	化学者	有機合成におけるメタセシス法の開発。
	生理学・医学賞	バリー・マーシャル	オーストラリア	医師・微生物学者	胃炎や胃潰瘍を引き起こすピロリ菌の発見。
	生理学・医学賞	ロビン・ウォレン	オーストラリア	医師・病理学者	胃炎や胃潰瘍を引き起こすピロリ菌の発見。
	文学賞	ハロルド・ピンター	イギリス	劇作家	『管理人』、『ダム・ウェイター』など。
	平和賞	国際原子力機関（ＩＡＥＡ）	オーストリア	国際機関	原子エネルギーの平和利用の推進。
	平和賞	ムハンマド・エルバラダイ	エジプト	外交官・国際法学者	原子エネルギーの平和利用の推進。
	経済学賞	ロバート・オーマン	ドイツ	数学者・数理経済学者	ゲーム理論の分析により対立と協力の理解を深化。
	経済学賞	トーマス・シェリング	アメリカ	経済学者	ゲーム理論の分析により対立と協力の理解を深化。
2006	物理学賞	ジョン・マザー	アメリカ	天体物理学者	宇宙マイクロ波背景放射の黒体放射性と異方性の発見。
	物理学賞	ジョージ・スムート	アメリカ	天体物理学者	宇宙マイクロ波背景放射の黒体放射性と異方性の発見。
	化学賞	ロジャー・コーンバーグ	アメリカ	生化学者	ＤＮＡからＲＮＡへの遺伝情報の転写の分子論的研究。
	生理学・医学賞	アンドリュー・ファイア	アメリカ	微生物学者	ＲＮＡ干渉（遺伝子発現の抑制）の発見。
	生理学・医学賞	クレイグ・メロー	アメリカ	遺伝学者	ＲＮＡ干渉（遺伝子発現の抑制）の発見。
	文学賞	オルハン・パムク	トルコ	小説家	『雪』、『わたしの名は紅』など。
	平和賞	ムハマド・ユヌス	バングラデシュ	銀行家・経済学者	貧困層の経済的・社会的発展基盤の構築。
	平和賞	グラミン銀行	バングラデシュ	銀行	貧困層の経済的・社会的発展基盤の構築。
	経済学賞	エドマンド・フェルプス	アメリカ	経済学者	マクロ経済政策に関する分析。
2007	物理学賞	アルベール・フェール	フランス	物理学者	巨大磁気抵抗効果の発見。
	物理学賞	ペーター・グリュンベルク	チェコ	物理学者	巨大磁気抵抗効果の発見。
	化学賞	ゲルハルト・エルトゥル	ドイツ	化学者	固体表面の化学反応過程の研究。
	生理学・医学賞	マリオ・カペッキ	イタリア	遺伝学者	ＥＳ細胞によりマウスの遺伝子を改変する方法の発見。
	生理学・医学賞	マーティン・エヴァンズ	イギリス	医学者・遺伝学者	ＥＳ細胞によりマウスの遺伝子を改変する方法の発見。
	生理学・医学賞	オリヴァー・スミシーズ	イギリス	遺伝学者	ＥＳ細胞によりマウスの遺伝子を改変する方法の発見。
	文学賞	ドリス・レッシング	イラン	作家	『黄金のノート』、『破壊者ベンの誕生』など。
	平和賞	気候変動に関する政府間パネル	アメリカ	国際組織	地球温暖化問題への取り組み。
	平和賞	アル・ゴア	アメリカ	政治家・環境問題専門家	地球温暖化問題への取り組み。
	経済学賞	レオニード・ハーヴィッツ	ロシア	経済学者	メカニズム・デザイン理論の基礎を確立。
	経済学賞	エリック・マスキン	アメリカ	経済学者	メカニズム・デザイン理論の基礎を確立。
	経済学賞	ロジャー・マイヤーソン	アメリカ	経済学者	メカニズム・デザイン理論の基礎を確立。
2008	物理学賞	南部 陽一郎	日本	物理学者	対称性の自発的な破れの発見。（130ページ）
	物理学賞	小林 誠	日本	物理学者	ＣＰ対称性の破れの起源の発見。（132ページ）
	物理学賞	益川 敏英	日本	物理学者	ＣＰ対称性の破れの起源の発見。（132ページ）
	化学賞	下村 脩	日本	化学者・生物学者	緑色蛍光タンパク質の発見と開発。（134ページ）
	化学賞	マーティン・チャルフィー	アメリカ	化学者	緑色蛍光タンパク質の発見と開発。（135ページ）
	化学賞	ロジャー・Ｙ・チエン	アメリカ	生化学者	緑色蛍光タンパク質の発見と開発。（135ページ）
	生理学・医学賞	ハラルド・ツア・ハウゼン	ドイツ	ウイルス学者	子宮頸がんを引き起こすヒトパピローマウイルスの発見。
	生理学・医学賞	Ｆ・バレ＝シヌシ	フランス	ウイルス学者	エイズを引き起こすヒト免疫不全ウイルスの発見。
	生理学・医学賞	リュック・モンタニエ	フランス	ウイルス学者	エイズを引き起こすヒト免疫不全ウイルスの発見。
	文学賞	Ｊ－Ｍ・Ｇ・ル・クレジオ	フランス	小説家	『調書』、『大洪水』など。

ノーベル賞受賞者一覧

受賞年度	部門	受賞者	出生地・所在地	職業など	受賞理由・おもな業績・代表作
2001	化学賞	ウィリアム・ノールズ	アメリカ	化学者	不斉触媒による水素化反応の研究。
	化学賞	野依 良治	日本	化学者	不斉触媒による水素化反応の研究。(124 ページ)
	化学賞	バリー・シャープレス	アメリカ	化学者	不斉触媒による酸化反応の研究。
	生理学・医学賞	リーランド・ハートウェル	アメリカ	細胞生物学者	細胞周期における主要な制御因子の発見。
	生理学・医学賞	ティム・ハント	イギリス	生化学者	細胞周期における主要な制御因子の発見。
	生理学・医学賞	ポール・ナース	イギリス	生化学者	細胞周期における主要な制御因子の発見。
	文学賞	V・S・ナイポール	トリニダード・トバゴ	作家	『自由の国で』、『暗い河』など。
	平和賞	国際連合	アメリカ	国際組織	秩序ある平和な世界の構築への取り組み。
	平和賞	コフィー・アナン	ガーナ	政治家・国連事務総長	秩序ある平和な世界の構築への取り組み。
	経済学賞	ジョージ・アカロフ	アメリカ	経済学者	情報の非対称性をともなった市場の分析。
	経済学賞	マイケル・スペンス	アメリカ	経済学者	情報の非対称性をともなった市場の分析。
	経済学賞	ジョセフ・スティグリッツ	アメリカ	経済学者	情報の非対称性をともなった市場の分析。
2002	物理学賞	レイモンド・デーヴィス	アメリカ	化学者・物理学者	宇宙ニュートリノの検出。
	物理学賞	小柴 昌俊	日本	物理学者	宇宙ニュートリノの検出。(126 ページ)
	物理学賞	リカルド・ジャコーニ	イタリア	天体物理学者	宇宙 X 線源の発見をもたらした天体物理学への貢献。
	化学賞	ジョン・フェン	アメリカ	化学者	ソフトレーザー脱離イオン化法の開発。
	化学賞	田中 耕一	日本	技術者	ソフトレーザー脱離イオン化法の開発。(128 ページ)
	化学賞	クルト・ヴュートリヒ	スイス	化学者・生物物理学者	溶液中の生体高分子の解析のための核磁気共鳴法の開発。
	生理学・医学賞	シドニー・ブレナー	南アフリカ	分子生物学者	器官発生とプログラムされた細胞死の遺伝制御の発見。
	生理学・医学賞	ロバート・ホーヴィッツ	アメリカ	分子生物学者	器官発生とプログラムされた細胞死の遺伝制御の発見。
	生理学・医学賞	ジョン・サルストン	イギリス	分子生物学者	器官発生とプログラムされた細胞死の遺伝制御の発見。
	文学賞	ケルテース・イムレ	ハンガリー	作家	『運命ではなく』など。
	平和賞	ジミー・カーター	アメリカ	政治家・アメリカ大統領	仲裁と国際協力により紛争を解決する活動。
	経済学賞	ダニエル・カーネマン	イスラエル	経済学者	行動経済学と実験経済学という新研究分野の開拓。
	経済学賞	ヴァーノン・スミス	アメリカ	経済学者	行動経済学と実験経済学という新研究分野の開拓。
2003	物理学賞	アレクセイ・アブリコソフ	ロシア	物理学者	超伝導と超流動の理論に関する先駆的貢献。
	物理学賞	ヴィタリー・ギンツブルク	ロシア	物理学者	超伝導と超流動の理論に関する先駆的貢献。
	物理学賞	アンソニー・レゲット	イギリス	物理学者	超伝導と超流動の理論に関する先駆的貢献。
	化学賞	ピーター・アグレ	アメリカ	分子生物学者・医師	細胞膜に存在するアクアポリン(水チャネル)の発見。
	化学賞	ロデリック・マキノン	アメリカ	生物物理学者・医師	イオンチャネルの構造としくみの研究。
	生理学・医学賞	ポール・ラウターバー	アメリカ	化学者	核磁気共鳴画像法(ＭＲＩ)に関する発見。
	生理学・医学賞	ピーター・マンスフィールド	イギリス	物理学者	核磁気共鳴画像法(ＭＲＩ)に関する発見。
	文学賞	J・M・クッツェー	南アフリカ	小説家・批評家	『夷狄を待ちながら』、『マイケル・K』など。
	平和賞	シーリーン・エバーディー	イラン	人権活動家・弁護士	民主主義と人権擁護に貢献。
	経済学賞	ロバート・エングル	アメリカ	経済学者	経済の時系列データ分析法を確立。
	経済学賞	クライヴ・グレンジャー	イギリス	経済学者	経済の時系列データ分析法を確立。
2004	物理学賞	デヴィッド・グロス	アメリカ	物理学者	強い相互作用の漸近的自由性の理論的発見。
	物理学賞	デヴィッド・ポリツァー	アメリカ	物理学者	強い相互作用の漸近的自由性の理論的発見。
	物理学賞	フランク・ウィルチェック	アメリカ	物理学者	強い相互作用の漸近的自由性の理論的発見。
	化学賞	アーロン・チカノーバー	イスラエル	生化学者	ユビキチンを介したタンパク質分解の発見。
	化学賞	アブラム・ハーシュコ	ハンガリー	生化学者	ユビキチンを介したタンパク質分解の発見。
	化学賞	アーウィン・ローズ	アメリカ	生化学者	ユビキチンを介したタンパク質分解の発見。
	生理学・医学賞	リチャード・アクセル	アメリカ	分子生物学者	においの受容体と嗅覚系組織の発見。
	生理学・医学賞	リンダ・バック	アメリカ	生理学者・生物物理学者	においの受容体と嗅覚系組織の発見。
	文学賞	エルフリーデ・イェリネク	オーストリア	作家・劇作家	『トーテンアウベルク』、『ピアニスト』など。
	平和賞	ワンガリ・マータイ	ケニア	環境保護活動家・政治家	持続可能な開発・民主主義などへの貢献。(136 ページ)

ノーベル賞受賞者一覧

受賞年度	部門	受賞者	出生地・所在地	職業など	受賞理由・おもな業績・代表作
1997	物理学賞	C・コーエン＝タヌージ	アルジェリア	物理学者	レーザー光で原子を冷却し、捕捉する手法の開発。
	物理学賞	ウィリアム・フィリップス	アメリカ	物理学者	レーザー光で原子を冷却し、捕捉する手法の開発。
	化学賞	ポール・ボイヤー	アメリカ	化学者	アデノシン三リン酸合成の酵素反応のしくみの推定。
	化学賞	ジョン・ウォーカー	イギリス	化学者	アデノシン三リン酸合成の酵素反応のしくみの推定。
	化学賞	イェンス・スコウ	デンマーク	化学者	ナトリウム-カリウムポンプの発見。
	生理学･医学賞	スタンリー・プルシナー	アメリカ	神経学者・生化学者	感染症の新しい生物学的原理であるプリオンの発見。
	文学賞	ダリオ・フォ	イタリア	劇作家・俳優・演出家	『アナーキストの事故死』など。
	平和賞	地雷禁止国際キャンペーン	アメリカ	非政府組織	対人地雷の全面禁止と除去をめざす活動。
	平和賞	ジョディ・ウィリアムズ	アメリカ	平和活動家	対人地雷の全面禁止と除去をめざす活動。
	経済学賞	ロバート・マートン	アメリカ	経済学者	金融派生商品の価格決定のための新手法を考案。
	経済学賞	マイロン・ショールズ	カナダ	経済学者	金融派生商品の価格決定のための新手法を考案。
1998	物理学賞	ロバート・ラフリン	アメリカ	物理学者	分数電荷の励起状態をもつ量子流体の状態の発見。
	物理学賞	ホルスト・シュテルマー	ドイツ	物理学者	分数電荷の励起状態をもつ量子流体の状態の発見。
	物理学賞	ダニエル・ツイ	中国	物理学者	分数電荷の励起状態をもつ量子流体の状態の発見。
	化学賞	ウォルター・コーン	オーストリア	物理学者	密度汎関数法（分子に関する新しい計算法）の開発。
	化学賞	ジョン・ポープル	イギリス	化学者	量子化学における計算化学的方法の開発。
	生理学･医学賞	ロバート・ファーチゴット	アメリカ	生化学者	循環器系で情報を伝達する一酸化窒素に関する発見。
	生理学･医学賞	ルイ・イグナーロ	アメリカ	薬理学者	循環器系で情報を伝達する一酸化窒素に関する発見。
	生理学･医学賞	フェリド・ムラド	アメリカ	内科医・薬理学者	循環器系で情報を伝達する一酸化窒素に関する発見。
	文学賞	ジョゼ・サラマーゴ	ポルトガル	作家・詩人	『修道院の記念碑』、『石の筏』など。
	平和賞	ジョン・ヒューム	北アイルランド（イギリス）	政治家	北アイルランド紛争の平和的解決への努力。
	平和賞	デヴィッド・トリンブル	北アイルランド（イギリス）	政治家	北アイルランド紛争の平和的解決への努力。
	経済学賞	アマルティア・セン	インド	経済学者	所得分配の不平等・貧困・飢餓の研究。（113 ページ）
1999	物理学賞	ヘラルト・トホーフト	オランダ	物理学者	物理学における電弱相互作用の量子構造の解明。
	物理学賞	マルティヌス・フェルトマン	オランダ	物理学者	物理学における電弱相互作用の量子構造の解明。
	化学賞	アハメド・ズウェイル	エジプト	化学者	フェムト秒分光学による化学反応の研究。
	生理学･医学賞	ギュンター・ブローベル	ポーランド	生物学者	タンパク質が細胞内でもつ信号の発見。
	文学賞	ギュンター・グラス	ポーランド	小説家	『ブリキの太鼓』、『はてしなき荒野』など。
	平和賞	国境なき医師団	フランス	非政府組織	世界各国で人道主義的な活動。（115 ページ）
	経済学賞	ロバート・マンデル	カナダ	経済学者	金融・財政政策と為替相場についての分析。
2000	物理学賞	ジョレス・アルフェロフ	ベラルーシ	物理学者	半導体ヘテロ構造の開発。
	物理学賞	ハーバート・クレーマー	ドイツ	物理学者	半導体ヘテロ構造の開発。
	物理学賞	ジャック・キルビー	アメリカ	電子技術者・物理学者	集積回路（ＩＣ）の発明。（120 ページ）
	化学賞	アラン・ヒーガー	アメリカ	物理学者	導電性高分子の発見と開発。
	化学賞	Ａ・Ｇ・マクダイアミッド	ニュージーランド	化学者	導電性高分子の発見と開発。
	化学賞	白川 英樹	日本	化学者	導電性高分子の発見と開発。（122 ページ）
	生理学･医学賞	アルヴィド・カールソン	スウェーデン	薬理学者	神経系における情報伝達に関する発見。
	生理学･医学賞	ポール・グリーンガード	アメリカ	神経学者	神経系における情報伝達に関する発見。
	生理学･医学賞	エリック・カンデル	オーストリア	神経学者	神経系における情報伝達に関する発見。
	文学賞	高 行健	中国	作家・劇作家・画家	『ある男の聖書』、『霊山』など。
	平和賞	金 大中	韓国	政治家・韓国大統領	北朝鮮との和解への努力など。
	経済学賞	ジェームズ・ヘックマン	アメリカ	経済学者	個人と家計の消費行動を分析する理論と手法の開発。
	経済学賞	ダニエル・マクファデン	アメリカ	経済学者	個人と家計の消費行動を分析する理論と手法の開発。
2001	物理学賞	エリック・コーネル	アメリカ	物理学者	希薄なアルカリ原子ガスでのボース凝縮の実現など。
	物理学賞	ヴォルフガンク・ケターレ	ドイツ	物理学者	希薄なアルカリ原子ガスでのボース凝縮の実現など。
	物理学賞	カール・ワイマン	アメリカ	物理学者	希薄なアルカリ原子ガスでのボース凝縮の実現など。

ノーベル賞受賞者一覧

受賞年度	部門	受賞者	出生地・所在地	職業など	受賞理由・おもな業績・代表作
1993	化学賞	マイケル・スミス	イギリス	生化学者	ＤＮＡ化学での部位特異的変異誘発法の開発。
	生理学・医学賞	リチャード・ロバーツ	イギリス	分子生物学者	分断された形の遺伝子の発見。
	生理学・医学賞	フィリップ・シャープ	アメリカ	分子生物学者	分断された形の遺伝子の発見。
	文学賞	トニ・モリソン	アメリカ	小説家・編集者	『青い眼がほしい』、『ビラヴド』など。
	平和賞	ネルソン・マンデラ	南アフリカ	黒人解放運動指導者・政治家	アパルトヘイト政策の撤廃。（108ページ）
	平和賞	Ｆ・Ｗ・デクラーク	南アフリカ	政治家・南アフリカ大統領	アパルトヘイト政策の撤廃。
	経済学賞	ロバート・フォーゲル	アメリカ	経済学者	経済学理論と計量的手法により経済史の研究を一新。
	経済学賞	ダグラス・ノース	アメリカ	経済学者	経済学理論と計量的手法により経済史の研究を一新。
1994	物理学賞	バートラム・ブロックハウス	カナダ	物理学者	中性子分光法の開発。
	物理学賞	クリフォード・シャル	アメリカ	物理学者	中性子回折技術の開発。
	化学賞	ジョージ・オラー	ハンガリー	化学者	カルボカチオン化学への貢献。
	生理学・医学賞	アルフレッド・ギルマン	アメリカ	薬理学者・生化学者	Ｇタンパク質とその役割の発見。
	生理学・医学賞	マーティン・ロッドベル	アメリカ	生化学者	Ｇタンパク質とその役割の発見。
	文学賞	大江 健三郎	日本	小説家	『万延元年のフットボール』など。（110ページ）
	平和賞	イツハク・ラビン	イスラエル	政治家・軍人・イスラエル首相	中東和平の実現のための努力。
	平和賞	シモン・ペレス	ベラルーシ	政治家・イスラエル首相	中東和平の実現のための努力。
	平和賞	ヤセル・アラファト	パレスチナ	政治家・パレスチナ大統領	中東和平の実現のための努力。
	経済学賞	ジョン・ハーサニ	ハンガリー	経済学者	ゲーム理論の発展に貢献。
	経済学賞	ジョン・ナッシュ	アメリカ	数学者	ゲーム理論の発展に貢献。（112ページ）
	経済学賞	ラインハルト・ゼルテン	ポーランド	経済学者	ゲーム理論の発展に貢献。
1995	物理学賞	マーティン・パール	アメリカ	物理学者	タウ粒子の発見。
	物理学賞	フレデリック・ライネス	アメリカ	物理学者	ニュートリノの検出。（127ページ）
	化学賞	パウル・クルッツェン	オランダ	化学者	オゾンの生成と分解など大気化学の研究。（114ページ）
	化学賞	マリオ・モリーナ	メキシコ	化学者	オゾンの生成と分解など大気化学の研究。（114ページ）
	化学賞	シャーウッド・ローランド	アメリカ	化学者	オゾンの生成と分解など大気化学の研究。（114ページ）
	生理学・医学賞	エドワード・ルイス	アメリカ	遺伝学者	初期胚発生における遺伝的制御に関する発見。
	生理学・医学賞	C･ニュスライン＝フォルハルト	ドイツ	遺伝学者	初期胚発生における遺伝的制御に関する発見。
	生理学・医学賞	エリック・ウィーシャウス	アメリカ	遺伝学者	初期胚発生における遺伝的制御に関する発見。
	文学賞	シェイマス・ヒーニー	北アイルランド（イギリス）	詩人	『冬越え』、『さんざしのランタン』など。
	平和賞	ジョセフ・ロートブラット	ポーランド	物理学者	核兵器廃絶をめざす科学者の会議を創設。
	平和賞	パグウォッシュ会議	カナダ（第１回）	国際会議	科学者が核兵器の問題について議論する会議。
	経済学賞	ロバート・ルーカス	アメリカ	経済学者	インフレ予測の行動、合理的期待仮説の理論。
1996	物理学賞	デイヴィッド・リー	アメリカ	物理学者	ヘリウム３の超流動の発見。
	物理学賞	ダグラス・オシェロフ	アメリカ	物理学者	ヘリウム３の超流動の発見。
	物理学賞	ロバート・リチャードソン	アメリカ	物理学者	ヘリウム３の超流動の発見。
	化学賞	ロバート・カール	アメリカ	化学者	フラーレンの発見。
	化学賞	ハロルド・クロトー	イギリス	化学者	フラーレンの発見。
	化学賞	リチャード・スモーリー	アメリカ	物理学者・化学者	フラーレンの発見。
	生理学・医学賞	ピーター・ドハティ	オーストラリア	獣医・医学者	細胞性免疫防御の特異性に関する研究。
	生理学・医学賞	ロルフ・ツィンカーナーゲル	スイス	免疫学者	細胞性免疫防御の特異性に関する研究。
	文学賞	ヴィスワバ・シンボルスカ	ポーランド	詩人・ジャーナリスト	『橋の上の人々』、『終わりと始まり』など。
	平和賞	Ｃ・Ｆ・Ｘ・ベロ	東ティモール	司教	東ティモール独立紛争の公正で平和的な解決。
	平和賞	ジョゼ・ラモス＝ホルタ	東ティモール	政治家・人権運動家	東ティモール独立紛争の公正で平和的な解決。
	経済学賞	ジェームズ・マーリーズ	スコットランド（イギリス）	経済学者	情報の非対称性のもとでの経済的誘因の理論。
	経済学賞	ウィリアム・ヴィックリー	カナダ	経済学者	情報の非対称性のもとでの経済的誘因の理論。
1997	物理学賞	スティーヴン・チュー	アメリカ	物理学者	レーザー光で原子を冷却し、捕捉する手法の開発。

ノーベル賞受賞者一覧

受賞年度	部　門	受賞者	出生地・所在地	職業など	受賞理由・おもな業績・代表作
1988	化学賞	ロベルト・フーバー	ドイツ	生化学者	光合成反応中心の三次元構造の決定。
	化学賞	ハルトムート・ミヒェル	ドイツ	生化学者	光合成反応中心の三次元構造の決定。
	生理学・医学賞	ジェームス・ブラック	スコットランド(イギリス)	薬理学者	薬物療法における重要な原理の発見。
	生理学・医学賞	ガートルード・エリオン	アメリカ	生化学者・薬理学者	薬物療法における重要な原理の発見。
	生理学・医学賞	ジョージ・ヒッチングス	アメリカ	生化学者・薬理学者	薬物療法における重要な原理の発見。
	文学賞	ナギーブ・マフフーズ	エジプト	作家	『バイナル・カスライン』、『泥棒と犬』など。
	平和賞	国連平和維持軍	アメリカ	国際連合の活動	平和維持活動、安全保障活動。
	経済学賞	モーリス・アレ	フランス	経済学者	市場と資源の効率的な利用に関する理論への貢献。
1989	物理学賞	ノーマン・ラムゼー	アメリカ	物理学者	ラムゼー共鳴法の開発、水素メーザーや原子時計への応用。
	物理学賞	ハンス・デーメルト	ドイツ	物理学者	イオントラップ法の開発。
	物理学賞	ヴォルフガンク・パウル	ドイツ	物理学者	イオントラップ法の開発。
	化学賞	シドニー・アルトマン	カナダ	分子生物学者	リボ核酸（ＲＮＡ）の触媒機能の発見。
	化学賞	トーマス・チェック	アメリカ	分子生物学者・生化学者	リボ核酸（ＲＮＡ）の触媒機能の発見。
	生理学・医学賞	マイケル・ビショップ	アメリカ	免疫学者・微生物学者	レトロウイルスのがん遺伝子の細胞起源の発見。
	生理学・医学賞	ハロルド・ヴァーマス	アメリカ	微生物学者	レトロウイルスのがん遺伝子の細胞起源の発見。
	文学賞	カミーロ・ホセ・セラ	スペイン	作家	『パスクアル・ドゥアルテの家族』など。
	平和賞	ダライ・ラマ14世	チベット	政治家・宗教指導者	少数民族の権利獲得を主張。(104ページ)
	経済学賞	トリグヴェ・ホーヴェルモ	ノルウェー	経済学者	計量経済学の確率論的基礎の明確化など。
1990	物理学賞	ジェローム・フリードマン	アメリカ	物理学者	素粒子物理学におけるクォーク模型の実証。
	物理学賞	ヘンリー・ケンドール	アメリカ	物理学者	素粒子物理学におけるクォーク模型の実証。
	物理学賞	リチャード・テイラー	カナダ	物理学者	素粒子物理学におけるクォーク模型の実証。
	化学賞	イライアス・コーリー	アメリカ	化学者	有機合成の理論と方法論の開発。
	生理学・医学賞	ジョゼフ・マレー	アメリカ	外科医	臓器移植・細胞移植に関する発見。
	生理学・医学賞	ドナル・トーマス	アメリカ	内科医	臓器移植・細胞移植に関する発見。
	文学賞	オクタビオ・パス	メキシコ	詩人・批評家	『泥の子供たち』、『弓と竪琴』など。(101ページ)
	平和賞	ミハイル・ゴルバチョフ	ロシア	政治家・ソ連大統領	米ソ冷戦の終結への貢献。(93ページ)
	経済学賞	ハリー・マーコヴィッツ	アメリカ	経済学者	資産形成の安全性を高めるための一般理論の研究。
	経済学賞	マートン・ミラー	アメリカ	経済学者	資産形成の安全性を高めるための一般理論の研究。
	経済学賞	ウィリアム・シャープ	アメリカ	経済学者	資産形成の安全性を高めるための一般理論の研究。
1991	物理学賞	ピエール＝ジル・ド・ジェンヌ	フランス	物理学者	単純な系の研究手法が一般化できることの発見。
	化学賞	リヒャルト・エルンスト	スイス	化学者	高分解能核磁気共鳴法の開発。
	生理学・医学賞	エルヴィン・ネーアー	ドイツ	細胞生理学者	細胞内のイオンチャネルの機能に関する発見。
	生理学・医学賞	ベルト・ザクマン	ドイツ	細胞生理学者	細胞内のイオンチャネルの機能に関する発見。
	文学賞	ナディン・ゴーディマー	南アフリカ	作家	『戦士の抱擁』、『バーガーの娘』など。
	平和賞	アウン・サン・スー・チー	ミャンマー	民主化運動指導者・政治家	民主主義と人権回復のための非暴力闘争。(106ページ)
	経済学賞	ロナルド・コース	イギリス	経済学者	取引コストと財産権の意義の明確化。
1992	物理学賞	ジョルジュ・シャルパク	ポーランド	物理学者	多線式比例計数箱など素粒子検出器の開発。
	化学賞	ルドルフ・マーカス	カナダ	化学者	溶液中の電子移動反応理論への貢献。
	生理学・医学賞	エドモンド・フィッシャー	中国	生化学者	可逆的タンパク質リン酸化に関する発見。
	生理学・医学賞	エドヴィン・クレブス	アメリカ	生化学者	可逆的タンパク質リン酸化に関する発見。
	文学賞	デレック・ウォルコット	セントルシア	詩人・劇作家	『オデッセイ』など。
	平和賞	リゴベルタ・メンチュウ	グアテマラ	民族革命家	先住民族の文化の擁護と地位向上のための活動。
	経済学賞	ゲーリー・ベッカー	アメリカ	経済学者	人間行動と相互作用へのミクロ経済学分析の応用。
1993	物理学賞	ラッセル・ハルス	アメリカ	天体物理学者	新型連星パルサーの発見。
	物理学賞	ジョゼフ・テイラー	アメリカ	天体物理学者	新型連星パルサーの発見。
	化学賞	キャリー・マリス	アメリカ	化学者	ＤＮＡ化学でのＰＣＲ法の開発。

ノーベル賞受賞者一覧

受賞年度	部　門	受賞者	出生地・所在地	職業など	受賞理由・おもな業績・代表作
1983	化学賞	ヘンリー・タウベ	カナダ	化学者	金属錯体中の電子移動反応のしくみの解明。
	生理学·医学賞	バーバラ・マクリントック	アメリカ	植物学者・細胞遺伝学者	可動遺伝因子（動く遺伝子）の発見。
	文学賞	ウィリアム・ゴールディング	イギリス	小説家	『蠅の王』、『後継者たち』など。
	平和賞	レフ・ワレサ	ポーランド	政治家	独立自主管理労働組合「連帯」の指導者。
	経済学賞	ジェラール・ドブリュー	フランス	経済学者	一般均衡理論の改良、経済理論の新たな分析法の導入。
1984	物理学賞	カルロ・ルビア	イタリア	物理学者	W ボソン・Z ボソンの発見への貢献。
	物理学賞	シモン・ファン・デル・メール	オランダ	物理学者	W ボソン・Z ボソンの発見への貢献。
	化学賞	ロバート・メリフィールド	アメリカ	生化学者	固相反応によるペプチド合成法の開発。
	生理学·医学賞	ニールス・イェルネ	イギリス	免疫学者	免疫系の研究、モノクローナル抗体の作成法の発見。
	生理学·医学賞	ゲオルゲス・ケーラー	ドイツ	生物学者	免疫系の研究、モノクローナル抗体の作成法の発見。
	生理学·医学賞	セサル・ミルスタイン	アルゼンチン	生化学者	免疫系の研究、モノクローナル抗体の作成法の発見。
	文学賞	ヤロスラフ・サイフェルト	チェコ	詩人・作家	『ヴィーナスの腕』、『この世の美しきものすべて』など。
	平和賞	デズモンド・ムピロ・ツツ	南アフリカ	大主教	平和的手段によるアパルトヘイトへの反対運動。
	経済学賞	リチャード・ストーン	イギリス	経済学者	国民経済計算システムの開発など。
1985	物理学賞	K・フォン・クリッツィング	ポーランド	物理学者	量子ホール効果の発見。
	化学賞	ハーバート・ハウプトマン	アメリカ	数学者	結晶構造を直接決定する方法の確立。
	化学賞	ジェローム・カール	アメリカ	化学者	結晶構造を直接決定する方法の確立。
	生理学·医学賞	マイケル・ブラウン	アメリカ	遺伝学者	コレステロール代謝の調節に関する発見。
	生理学·医学賞	ジョゼフ・ゴールドスタイン	アメリカ	遺伝学者	コレステロール代謝の調節に関する発見。
	文学賞	クロード・シモン	マダガスカル（フランス）	小説家	『フランドルへの道』、『歴史』、『アカシア』など。
	平和賞	核戦争防止国際医師会議	アメリカ	国際組織	核戦争時の医療体系への警告、核軍縮の訴え。
	経済学賞	フランコ・モディリアーニ	イタリア	経済学者	貯蓄に関するライフサイクル仮説の提唱。
1986	物理学賞	エルンスト・ルスカ	ドイツ	物理学者	最初の電子顕微鏡の設計。（63 ページ）
	物理学賞	ゲルト・ビーニッヒ	ドイツ	物理学者	走査型トンネル顕微鏡の設計。（64 ページ）
	物理学賞	ハインリッヒ・ローラー	スイス	物理学者	走査型トンネル顕微鏡の設計。（64 ページ）
	化学賞	ダドリー・ハーシュバック	アメリカ	化学者	化学反応素過程の動力学的研究。
	化学賞	李遠哲	台湾	化学者	化学反応素過程の動力学的研究。
	化学賞	ジョン・ポラニー	ドイツ	化学者	化学反応素過程の動力学的研究。
	生理学·医学賞	スタンリー・コーエン	アメリカ	生化学者	神経成長因子・上皮細胞成長因子の発見。
	生理学·医学賞	R・レーヴィ＝モンタルチーニ	イタリア	神経学者	神経成長因子・上皮細胞成長因子の発見。
	文学賞	ウォーレ・ショインカ	ナイジェリア	劇作家・小説家・詩人	『神話・文学・そしてアフリカ世界』など。
	平和賞	エリー・ウィーゼル	ルーマニア	作家	ユダヤ人大量虐殺を生き延び、証言。
	経済学賞	J・ブキャナン・ジュニア	アメリカ	経済学者	公共選択の理論における契約・憲法面での基礎の確立。
1987	物理学賞	ヨハネス・ベドノルツ	ドイツ	物理学者	酸化物高温超伝導体の発見。
	物理学賞	アレクサンダー・ミュラー	スイス	物理学者	酸化物高温超伝導体の発見。
	化学賞	ドナルド・クラム	アメリカ	化学者	クラウン化合物の開発と応用。
	化学賞	ジャン＝マリー・レーン	フランス	化学者	クラウン化合物の開発と応用。
	化学賞	チャールズ・ペダーセン	韓国	化学者	クラウン化合物の開発と応用。
	生理学·医学賞	利根川 進	日本	分子生物学者	抗体の多様性に関する遺伝的原理の発見。（102 ページ）
	文学賞	ヨシフ・ブロツキー	ロシア	詩人	『ローマ悲歌』、『ヴェネツィア・水の迷宮の夢』など。
	平和賞	O・アリアス・サンチェス	コスタリカ	政治家・コスタリカ大統領	中米和平構想の推進、国際紛争の仲裁。
	経済学賞	ロバート・ソロー	アメリカ	経済学者	経済成長理論への貢献。
1988	物理学賞	レオン・レーダーマン	アメリカ	物理学者	ニュートリノビーム法、レプトンの構造の実証。
	物理学賞	メルヴィン・シュワーツ	アメリカ	物理学者	ニュートリノビーム法、レプトンの構造の実証。
	物理学賞	J・スタインバーガー	アメリカ	物理学者	ニュートリノビーム法、レプトンの構造の実証。
	化学賞	ヨハン・ダイゼンホーファー	ドイツ	生化学者	光合成反応中心の三次元構造の決定。

ノーベル賞受賞者一覧

受賞年度	部門	受賞者	出生地・所在地	職業など	受賞理由・おもな業績・代表作
1978	平和賞	メナヘム・ベギン	イスラエル	政治家・イスラエル首相	エジプトとイスラエルの和平に貢献。
	経済学賞	ハーバート・サイモン	アメリカ	経済学者	経済組織内部での意思決定プロセスの研究。
1979	物理学賞	シェルドン・グラショウ	アメリカ	物理学者	弱い相互作用と電磁相互作用の統一理論への貢献。(133ページ)
	物理学賞	アブダス・サラム	パキスタン	物理学者	弱い相互作用と電磁相互作用の統一理論への貢献。
	物理学賞	スティーヴン・ワインバーグ	アメリカ	物理学者	弱い相互作用と電磁相互作用の統一理論への貢献。
	化学賞	ハーバート・ブラウン	イギリス	化学者	ホウ素化合物を使った新しい有機合成法の開発。
	化学賞	ゲオルク・ウィッティヒ	ドイツ	化学者	リン化合物を使った新しい有機合成法の開発。
	生理学・医学賞	アラン・コーマック	南アフリカ	物理学者	CTスキャン法の開発。(96ページ)
	生理学・医学賞	G・ハウンズフィールド	イギリス	電子技術者	CTスキャン法の開発。(96ページ)
	文学賞	オデッセアス・エリティス	ギリシャ	詩人	『アクシオン・エスティ　讃えられよ』など。
	平和賞	マザー・テレサ	マケドニア	修道女	インドや世界各国での貧民救済活動。(94ページ)
	経済学賞	セオドア・シュルツ	アメリカ	経済学者	開発途上国の問題を検討し、経済発展を研究。
	経済学賞	アーサー・ルイス	セントルシア	経済学者	開発途上国の問題を検討し、経済発展を研究。
1980	物理学賞	ジェームズ・クローニン	アメリカ	物理学者	K中間子崩壊における対称性の破れの発見。(133ページ)
	物理学賞	ヴァル・フィッチ	アメリカ	物理学者	K中間子崩壊における対称性の破れの発見。(133ページ)
	化学賞	ポール・バーグ	アメリカ	生化学者	遺伝子工学の基礎としての核酸の生化学的研究。
	化学賞	ウォルター・ギルバート	アメリカ	生化学者	核酸の塩基配列の決定への貢献。
	化学賞	フレデリック・サンガー	イギリス	生化学者	核酸の塩基配列の決定への貢献。(73ページ)
	生理学・医学賞	バルフ・ベナセラフ	ベネズエラ	免疫学者	免疫反応を調節する細胞表面の遺伝的構造に関する発見。
	生理学・医学賞	ジャン・ドーセ	フランス	免疫学者	免疫反応を調節する細胞表面の遺伝的構造に関する発見。
	生理学・医学賞	ジョージ・スネル	アメリカ	遺伝学者・免疫学者	免疫反応を調節する細胞表面の遺伝的構造に関する発見。
	文学賞	チェスワフ・ミウォシュ	リトアニア	詩人・随筆家	『ギル教授の孤独』、『囚われの魂』など。
	平和賞	A・P・エスキベル	アルゼンチン	平和運動家・彫刻家	紛争の非暴力的解決の推進。
	経済学賞	ローレンス・クライン	アメリカ	経済学者	景気変動・経済政策を分析する手法の開発。
1981	物理学賞	ニコラス・ブルームバーゲン	オランダ	物理学者	レーザー分光学への貢献。
	物理学賞	アーサー・ショーロー	アメリカ	物理学者	レーザー分光学への貢献。
	物理学賞	カイ・シーグバーン	スウェーデン	物理学者	高分解能光電子分光法への貢献。
	化学賞	福井 謙一	日本	化学者	化学反応過程の理論的研究。(98ページ)
	化学賞	ロアルド・ホフマン	ポーランド	化学者	化学反応過程の理論的研究。
	生理学・医学賞	R・W・スペリー	アメリカ	神経生理学者	大脳半球のはたらきの分化(右脳と左脳)に関する発見。
	生理学・医学賞	デヴィッド・ヒューベル	カナダ	神経生理学者	視覚系における情報処理に関する発見。
	生理学・医学賞	トルステン・ヴィーゼル	スウェーデン	神経生理学者	視覚系における情報処理に関する発見。
	文学賞	エリアス・カネッティ	ブルガリア	作家	『眩暈』、『群衆と権力』など。
	平和賞	国連難民高等弁務官事務所	スイス	国際連合の難民支援機関	自国の保護を受けられない難民の救済。
	経済学賞	ジェームズ・トービン	アメリカ	経済学者	金融市場と歳出・雇用・価格などとの関連の分析。
1982	物理学賞	ケネス・ウィルソン	アメリカ	物理学者	物質の相転移に関連した臨界現象の理論の提唱。
	化学賞	アーロン・クルーグ	リトアニア	化学者・生物物理学者	結晶学的電子顕微鏡の開発、生体分子の構造決定。
	生理学・医学賞	スネ・ベリストローム	スウェーデン	生化学者	プロスタグランジンと関連生理活性物質の発見。
	生理学・医学賞	ベンクト・サミュエルソン	スウェーデン	生化学者	プロスタグランジンと関連生理活性物質の発見。
	生理学・医学賞	ジョン・ヴェイン	イギリス	薬理学者	プロスタグランジンと関連生理活性物質の発見。
	文学賞	G・ガルシア=マルケス	コロンビア	小説家	『百年の孤独』、『予告された殺人の記録』など。(100ページ)
	平和賞	アルバ・ミュルダール	スウェーデン	社会学者・政治家・外交官	長年にわたる軍縮への努力。
	平和賞	A・G・ロブレス	メキシコ	政治家	中南米の非核化に貢献。
	経済学賞	ジョージ・スティグラー	アメリカ	経済学者	産業構造・市場機能などについての独創的な研究。
1983	物理学賞	S・チャンドラセカール	パキスタン	天体物理学者	星(恒星)の構造と進化に関する理論的研究。
	物理学賞	ウィリアム・ファウラー	アメリカ	天体物理学者	宇宙での元素生成にかかわる原子核反応の研究。

ノーベル賞受賞者一覧

受賞年度	部門	受賞者	出生地・所在地	職業など	受賞理由・おもな業績・代表作
1974	文学賞	ハリー・マーティンソン	スウェーデン	詩人・小説家	『アニアーラ』など。
	平和賞	ショーン・マクブライド	フランス	人権擁護活動家・弁護士	アムネスティ・インターナショナル初代委員長。
	平和賞	佐藤 栄作	日本	政治家・日本首相	非核三原則など、太平洋地域安定への貢献。(90 ページ)
	経済学賞	グンナー・ミュルダール	スウェーデン	経済学者	経済と社会制度の相互依存関係の分析。
	経済学賞	フリードリヒ・ハイエク	オーストリア	経済学者	経済と社会制度の相互依存関係の分析。
1975	物理学賞	オーゲ・ニールス・ボーア	デンマーク	物理学者	原子核構造に関する研究。(39 ページ)
	物理学賞	ベン・モッテルソン	アメリカ	物理学者	原子核構造に関する研究。
	物理学賞	J・レインウォーター	アメリカ	物理学者	原子核構造に関する研究。
	化学賞	ジョン・コーンフォース	オーストラリア	化学者	酵素による触媒反応の立体化学的研究。
	化学賞	ウラジミール・プレローグ	ボスニア・ヘルツェゴビナ	化学者	有機分子と有機反応の立体化学的研究。
	生理学・医学賞	デヴィッド・ボルティモア	アメリカ	分子生物学者	腫瘍ウイルスと細胞の遺伝子との相互作用の発見。
	生理学・医学賞	レナート・ダルベッコ	イタリア	ウイルス学者	腫瘍ウイルスと細胞の遺伝子との相互作用の発見。
	生理学・医学賞	ハワード・テミン	アメリカ	遺伝学者・ウイルス学者	腫瘍ウイルスと細胞の遺伝子との相互作用の発見。
	文学賞	エウジェーニオ・モンターレ	イタリア	詩人	『ディナールの蝶』など。
	平和賞	アンドレイ・サハロフ	ロシア	物理学者	核実験停止の訴え、民主化要求運動など。(92 ページ)
	経済学賞	レオニート・カントロビッチ	ロシア	経済学者	資源の最適配分に関する理論への貢献。
	経済学賞	チャリング・クープマンズ	オランダ	経済学者	資源の最適配分に関する理論への貢献。
1976	物理学賞	バートン・リヒター	アメリカ	物理学者	新種の重い素粒子の発見についての先駆的研究。
	物理学賞	サミュエル・ティン	アメリカ	物理学者	新種の重い素粒子の発見についての先駆的研究。
	化学賞	ウィリアム・リプスコム	アメリカ	化学者	ボラン(水素化ホウ素)の構造に関する研究。
	生理学・医学賞	バルーク・ブランバーグ	アメリカ	医師・遺伝学者	感染症の発生と拡大の新しいしくみに関する発見。
	生理学・医学賞	カールトン・ガイジュセク	アメリカ	医師・医学者	感染症の発生と拡大の新しいしくみに関する発見。
	文学賞	ソール・ベロー	カナダ	小説家	『その日をつかめ』、『雨の王ヘンダソン』など。
	平和賞	ベティ・ウィリアムズ	北アイルランド(イギリス)	平和活動家	北アイルランドでの平和行動。
	平和賞	マイレッド・コリガン	北アイルランド(イギリス)	平和活動家	北アイルランドでの平和行動。
	経済学賞	ミルトン・フリードマン	アメリカ	経済学者	消費分析と通貨理論、経済安定政策の実証。
1977	物理学賞	フィリップ・アンダーソン	アメリカ	物理学者	磁性体と無秩序系の電子構造の基礎理論的研究。
	物理学賞	ネヴィル・モット	イギリス	物理学者	磁性体と無秩序系の電子構造の基礎理論的研究。
	物理学賞	ジョン・ヴァン・ヴレック	アメリカ	物理学者	磁性体と無秩序系の電子構造の基礎理論的研究。
	化学賞	イリヤ・プリゴジン	ロシア	化学者	散逸構造の理論など、非平衡熱力学への貢献。
	生理学・医学賞	ロジャー・ギルマン	フランス	生理学者	脳のペプチドホルモン分泌に関する発見。
	生理学・医学賞	アンドリュー・シャリー	リトアニア	生理学者	脳のペプチドホルモン分泌に関する発見。
	生理学・医学賞	ロザリン・ヤロー	アメリカ	物理学者	ラジオイムノアッセイ法(ペプチドホルモンの分析法)の開発。
	文学賞	V・アレイクサンドレ	スペイン	詩人	『破壊もしくは愛』など。
	平和賞	アムネスティ・インターナショナル	イギリス	非政府組織	人権活動による世界平和への貢献。
	経済学賞	ベルティル・オリーン	スウェーデン	経済学者	国際貿易・資本移動に関する理論の開拓。
	経済学賞	ジェームズ・ミード	イギリス	経済学者	国際貿易・資本移動に関する理論の開拓。
1978	物理学賞	ピョートル・カピッツァ	ロシア	物理学者	低温物理学における基礎的発明と発見。
	物理学賞	アーノ・ペンジアス	ドイツ	物理学者	宇宙マイクロ波背景放射の発見。
	物理学賞	R・W・ウィルソン	アメリカ	電波天文学者	宇宙マイクロ波背景放射の発見。
	化学賞	ピーター・ミッチェル	イギリス	生化学者	生体膜におけるエネルギー転換の研究。
	生理学・医学賞	ヴェルナー・アーバー	スイス	微生物学者・遺伝学者	制限酵素の発見と分子遺伝学への応用。
	生理学・医学賞	ダニエル・ネイサンズ	アメリカ	微生物学者	制限酵素の発見と分子遺伝学への応用。
	生理学・医学賞	ハミルトン・スミス	アメリカ	微生物学者	制限酵素の発見と分子遺伝学への応用。
	文学賞	I・B・シンガー	ポーランド	作家	『やぎと少年』、『父の法廷』など。
	平和賞	アンワル・アッ=サダト	エジプト	政治家・エジプト大統領	エジプトとイスラエルの和平に貢献。

ノーベル賞受賞者一覧

受賞年度	部門	受賞者	出生地・所在地	職業など	受賞理由・おもな業績・代表作
1969	経済学賞	ヤン・ティンバーゲン	オランダ	経済学者	経済過程の分析に対する動学的モデルの発展と応用。
1970	物理学賞	ハンネス・アルヴェーン	スウェーデン	物理学者	電磁流体力学の基礎研究、プラズマ物理への応用。
	物理学賞	ルイ・ネール	フランス	物理学者	反強磁性と強磁性に関する基礎的研究と発見。
	化学賞	ルイ・ルロワール	フランス	生化学者	糖ヌクレオチドの発見とその役割の研究。
	生理学・医学賞	ベルンハルト・カッツ	ドイツ	生物物理学者	神経末梢部における液性伝達物質の発見・研究。
	生理学・医学賞	ウルフ・フォン・オイラー	スウェーデン	生理学者・薬理学者	神経末梢部における液性伝達物質の発見・研究。
	生理学・医学賞	ジュリアス・アクセルロッド	アメリカ	生化学者	神経末梢部における液性伝達物質の発見・研究。
	文学賞	A・ソルジェニーツィン	ロシア	小説家	『イワン・デニーソヴィチの一日』など。
	平和賞	ノーマン・ボーローグ	アメリカ	農学者	「緑の革命」、発展途上国の食糧問題への取り組み。
	経済学賞	ポール・サミュエルソン	アメリカ	経済学者	経済学の分析水準を高めた科学的業績。(87ページ)
1971	物理学賞	ガーボル・デーネシュ	ハンガリー	電気技術者・物理学者	ホログラフィーの発明と発展。
	化学賞	ゲルハルト・ヘルツベルク	ドイツ	物理学者・化学者	分子、とくに遊離基の電子構造と幾何学的構造の研究。
	生理学・医学賞	アール・サザランド	アメリカ	生理学者・生化学者	ホルモンの作用のしくみに関する発見。
	文学賞	パブロ・ネルーダ	チリ	詩人	『きこりよめざめよ』、『大いなる歌』など。
	平和賞	ヴィリー・ブラント	ドイツ	政治家・西ドイツ首相	東西ドイツの関係改善などの東方政策。
	経済学賞	サイモン・クズネッツ	ベラルーシ	経済学者	近代経済成長の統計的分析など。
1972	物理学賞	ジョン・バーディーン	アメリカ	物理学者	超伝導についてのＢＣＳ理論の提唱。(66ページ)
	物理学賞	レオン・クーパー	アメリカ	物理学者	超伝導についてのＢＣＳ理論の提唱。
	物理学賞	J・R・シュリーファー	アメリカ	物理学者	超伝導についてのＢＣＳ理論の提唱。
	化学賞	C・アンフィンセン	アメリカ	生化学者	ＲＮＡ分解酵素の研究（アミノ酸配列と活性配座の関係）。
	化学賞	スタンフォード・ムーア	アメリカ	生化学者	ＲＮＡ分解酵素の研究（活性中心の構造と活性との関係）。
	化学賞	ウィリアム・スタイン	アメリカ	生化学者	ＲＮＡ分解酵素の研究（活性中心の構造と活性との関係）。
	生理学・医学賞	ジェラルド・エーデルマン	アメリカ	生化学者	抗体の化学構造に関する発見。
	生理学・医学賞	ロドニー・ポーター	イギリス	生化学者	抗体の化学構造に関する発見。
	文学賞	ハインリヒ・ベル	ドイツ	作家	『そして一言も言わなかった』など。
	経済学賞	ジョン・ヒックス	イギリス	経済学者	一般的経済均衡理論と福祉理論への先駆的貢献。
	経済学賞	ケネス・アロー	アメリカ	経済学者	一般均衡理論と福祉理論への貢献。
1973	物理学賞	江崎 玲於奈	日本	物理学者	半導体のトンネル効果の実験的発見。(88ページ)
	物理学賞	アイヴァー・ジェーバー	ノルウェー	物理学者	超伝導体のトンネル効果の実験的発見。
	物理学賞	ブライアン・ジョセフソン	イギリス	物理学者	超伝導体のトンネル効果の理論的予測。
	化学賞	エルンスト・フィッシャー	ドイツ	化学者	サンドイッチ構造をもつ有機金属化合物の研究。
	化学賞	ジェフリー・ウィルキンソン	イギリス	化学者	サンドイッチ構造をもつ有機金属化合物の研究。
	生理学・医学賞	カール・フォン・フリッシュ	オーストリア	動物行動学者	動物の個体的・社会的行動様式の研究。
	生理学・医学賞	コンラート・ローレンツ	オーストリア	動物行動学者・動物学者	動物の個体的・社会的行動様式の研究。
	生理学・医学賞	ニコラス・ティンバーゲン	オランダ	動物行動学者・鳥類学者	動物の個体的・社会的行動様式の研究。
	文学賞	パトリック・ホワイト	オーストラリア	小説家・劇作家	『台風の目』、『ヴォス』など。
	平和賞	ヘンリー・キッシンジャー	アメリカ	政治家	中国との国交回復、ベトナム和平交渉など。
	平和賞	レ・ドゥク・ト	ベトナム	政治家	辞退。ベトナム和平。(77ページ)
	経済学賞	ワシリー・レオンチェフ	ロシア	経済学者	産業連関表の開発、経済問題への応用。
1974	物理学賞	マーティン・ライル	イギリス	物理学者	電波天文学の先駆的研究、パルサーの発見。
	物理学賞	アントニー・ヒューイッシュ	イギリス	物理学者	電波天文学の先駆的研究、パルサーの発見。
	化学賞	ポール・フローリー	アメリカ	化学者	高分子化学の理論・実験両面にわたる基礎研究。
	生理学・医学賞	アルベルト・クラウデ	ベルギー	細胞生物学者	細胞の構造と機能に関する発見。
	生理学・医学賞	クリスチャン・ド・デューブ	イギリス	細胞生物学者	細胞の構造と機能に関する発見。
	生理学・医学賞	ジョージ・パラーデ	ルーマニア	細胞生物学者	細胞の構造と機能に関する発見。
	文学賞	エイヴィンド・ユーンソン	スウェーデン	作家	『ウーロフ物語』など。

ノーベル賞受賞者一覧

受賞年度	部門	受賞者	出生地・所在地	職業など	受賞理由・おもな業績・代表作
1964	物理学賞	ニコライ・バソフ	ロシア	物理学者	レーザー発見につながる量子エレクトロニクスの研究。
	物理学賞	アレクサンドル・プロホロフ	オーストラリア	物理学者	レーザー発見につながる量子エレクトロニクスの研究。
	化学賞	ドロシー・ホジキン	エジプト	生化学者・結晶学者	X線回折法による生体物質の分子構造の決定。
	生理学・医学賞	コンラート・ブロッホ	ポーランド	生化学者	コレステロール・脂肪酸の代謝の研究。
	生理学・医学賞	フェオドール・リネン	ドイツ	生化学者	コレステロール・脂肪酸の代謝の研究。
	文学賞	ジャン＝ポール・サルトル	フランス	哲学者・小説家・劇作家	辞退。『嘔吐』、『存在と無』など。（76ページ）
	平和賞	M・L・キング・ジュニア	アメリカ	牧師	黒人公民権運動の指導者。（78ページ）
1965	物理学賞	朝永 振一郎	日本	物理学者	量子電磁力学の分野における基礎研究。
	物理学賞	リチャード・ファインマン	アメリカ	物理学者	量子電磁力学の分野における基礎研究。
	物理学賞	ジュリアン・シュウィンガー	アメリカ	物理学者	量子電磁力学の分野における基礎研究。
	化学賞	R・B・ウッドワード	アメリカ	化学者	有機合成化学での卓抜した業績。
	生理学・医学賞	フランソワ・ジャコブ	フランス	遺伝学者	酵素・ウイルス合成の遺伝的制御に関する発見。
	生理学・医学賞	アンドレ・ルウォフ	フランス	微生物学者	酵素・ウイルス合成の遺伝的制御に関する発見。
	生理学・医学賞	ジャック・モノー	フランス	生物学者	酵素・ウイルス合成の遺伝的制御に関する発見。
	文学賞	ミハイル・ショーロホフ	ロシア	小説家	『静かなるドン』、『開かれた処女地』など。
	平和賞	国際連合児童基金（UNISEF）	アメリカ	国際連合の専門機関	戦争の犠牲となった児童の救済。
1966	物理学賞	アルフレッド・カストレル	フランス	物理学者	原子内のヘルツ波共鳴の研究のための光学的手法の発見。
	化学賞	ロバート・マリケン	アメリカ	化学者	分子軌道法による化学結合と分子の電子構造の研究。
	生理学・医学賞	ペイトン・ラウス	アメリカ	医師・病理学者	発がん性ウイルスの発見。
	生理学・医学賞	チャールズ・ハギンズ	カナダ	医師・生理学者	前立腺がんのホルモン療法に関する発見。
	文学賞	シュムエル・アグノン	ウクライナ	作家	『丸ごとのパン』、『操の誓い』など。
	文学賞	ネリー・ザックス	ドイツ	詩人	『イスラエルの受難』など。
1967	物理学賞	ハンス・ベーテ	フランス	物理学者	原子核反応、とくに星でのエネルギー生成に関する発見。
	化学賞	マンフレート・アイゲン	ドイツ	化学者	短時間エネルギーパルスによる高速化学反応の研究。
	化学賞	ロナルド・ノリッシュ	イギリス	化学者	短時間エネルギーパルスによる高速化学反応の研究。
	化学賞	ジョージ・ポーター	イギリス	化学者	短時間エネルギーパルスによる高速化学反応の研究。
	生理学・医学賞	ラグナー・グラニット	フィンランド	神経生理学者	視覚の化学的・生理学的基礎過程に関する発見。
	生理学・医学賞	ホールダン・ハートライン	アメリカ	生理学者	視覚の化学的・生理学的基礎過程に関する発見。
	生理学・医学賞	ジョージ・ウォルド	アメリカ	生化学者	視覚の化学的・生理学的基礎過程に関する発見。
	文学賞	M・A・アストゥリアス	グアテマラ	小説家	『グアテマラ伝説集』、『大統領閣下』など。
1968	物理学賞	ルイス・アルヴァレス	アメリカ	物理学者	水素泡箱による共鳴状態の発見など。
	化学賞	ラルス・オンサーガー	ノルウェー	化学者・物理学者	不可逆過程の熱力学の基礎となる相反定理の発見。
	生理学・医学賞	ロバート・ホリー	アメリカ	生化学者	遺伝暗号の解読とそのタンパク質合成での役割の解明。
	生理学・医学賞	ゴビンド・コラナ	インド	生化学者	遺伝暗号の解読とそのタンパク質合成での役割の解明。
	生理学・医学賞	マーシャル・ニーレンバーグ	アメリカ	生化学者	遺伝暗号の解読とそのタンパク質合成での役割の解明。
	文学賞	川端 康成	日本	小説家	『伊豆の踊子』、『雪国』など。（82ページ）
	平和賞	ルネ・カサン	フランス	法律家	ユネスコ憲章・世界人権宣言の起草など。
1969	物理学賞	マレー・ゲルマン	アメリカ	物理学者	素粒子の分類とその相互作用に関する発見。（85ページ）
	化学賞	デレク・バートン	イギリス	化学者	分子の立体配座概念の発展と化学への応用。
	化学賞	オッド・ハッセル	ノルウェー	化学者	分子の立体配座概念の発展と化学への応用。
	生理学・医学賞	マックス・デルブリュック	ドイツ	生物物理学者	ウイルスの複製機構と遺伝的構造に関する発見。
	生理学・医学賞	アルフレッド・ハーシー	アメリカ	微生物学者・遺伝学者	ウイルスの複製機構と遺伝的構造に関する発見。
	生理学・医学賞	サルバドール・ルリア	イタリア	微生物学者	ウイルスの複製機構と遺伝的構造に関する発見。
	文学賞	サミュエル・ベケット	アイルランド	小説家・劇作家	『モロイ』、『ゴドーを待ちながら』など。（84ページ）
	平和賞	国際労働機関（ILO）	スイス	国際連合の専門機関	完全雇用・賃金保障など労働問題への取り組み。
	経済学賞	ラグナル・フリッシュ	ノルウェー	経済学者	経済過程の分析に対する動学的モデルの発展と応用。

ノーベル賞受賞者一覧

受賞年度	部門	受賞者	出生地・所在地	職業など	受賞理由・おもな業績・代表作
1958	物理学賞	イゴール・タム	ロシア	物理学者	チェレンコフ効果の発見とその解釈。
	化学賞	フレデリック・サンガー	イギリス	生化学者	タンパク質、とくにインスリンの構造研究。(73 ページ)
	生理学・医学賞	ジョージ・ビードル	アメリカ	遺伝学者	遺伝子による生体化学反応の制御の発見。
	生理学・医学賞	エドワード・テイタム	アメリカ	遺伝学者	遺伝子による生体化学反応の制御の発見。
	生理学・医学賞	ジョシュア・レーダーバーグ	アメリカ	分子生物学者	遺伝子組み換え、細菌の遺伝物質に関する発見。
	文学賞	ボリス・パステルナーク	ロシア	詩人・作家	『ドクトル・ジバゴ』など。(77 ページ)
	平和賞	ジョルジュ・ピール	ベルギー	司祭	第二次世界大戦後の難民救済活動。
1959	物理学賞	エミリオ・セグレ	イタリア	物理学者	反陽子（陽子の反粒子）の発見。(55 ページ)
	物理学賞	オーウェン・チェンバレン	アメリカ	物理学者	反陽子（陽子の反粒子）の発見。
	化学賞	ヤロスラフ・ヘイロウスキー	チェコ	化学者	ポーラログラフィー法の発見と開発。
	生理学・医学賞	セベロ・オチョア	スペイン	医師・生化学者	ＲＮＡとＤＮＡの生合成のしくみの発見。
	生理学・医学賞	アーサー・コーンバーグ	アメリカ	生化学者	ＲＮＡとＤＮＡの生合成のしくみの発見。
	文学賞	サルヴァトーレ・クァジモド	イタリア	詩人	『そしてすぐに日が暮れる』など。
	平和賞	P・ノエル＝ベーカー	イギリス	政治家	軍縮と国際平和のための活動。
1960	物理学賞	ドナルド・グレーザー	アメリカ	物理学者	素粒子の観測のための泡箱の発明。
	化学賞	ウィラード・リビー	アメリカ	化学者	炭素 14 による年代測定法の開発。
	生理学・医学賞	F・M・バーネット	オーストラリア	ウイルス学者	後天的免疫耐性の発見。
	生理学・医学賞	ピーター・メダワー	ブラジル	生物学者	後天的免疫耐性の発見。
	文学賞	サン＝ジョン・ペルス	グアドループ島(フランス)	詩人・外交官	『遠征』、『風』など。の構造に関する発見。
	平和賞	アルバート・ルツーリ	南アフリカ	人権運動家	非暴力による人種差別撤廃運動。
1961	物理学賞	ロバート・ホフスタッター	アメリカ	物理学者	原子核内の電子散乱の研究、核子の構造に関する発見。
	物理学賞	ルドルフ・メスバウアー	ドイツ	物理学者	ガンマ線の共鳴吸収の研究、メスバウアー効果の発見。
	化学賞	メルヴィン・カルヴィン	アメリカ	化学者	植物における光合成の研究、カルヴィン回路の発見。
	生理学・医学賞	ベーケーシ・ゲオルク	ハンガリー	生理物理学者	内耳蝸牛における刺激の物理的なしくみの発見。
	文学賞	イヴォ・アンドリッチ	ボスニア・ヘルツェゴビナ	作家	『ドリナの橋』、『呪われた中庭』など。
	平和賞	ダグ・ハマーショルド	スウェーデン	外交官・経済学者・政治家	国連事務総長として国際平和に貢献。(70 ページ)
1962	物理学賞	レフ・ランダウ	アゼルバイジャン	物理学者	凝縮系物質、とくに液体ヘリウムに関する革新的理論。
	化学賞	マックス・ペルーツ	オーストリア	分子生物学者	球状タンパク質の構造研究。
	化学賞	ジョン・ケンドリュー	イギリス	生化学者・結晶学者	球状タンパク質の構造研究。
	生理学・医学賞	フランシス・クリック	イギリス	物理学者・分子生物学者	ＤＮＡの分子構造の発見。(72 ページ)
	生理学・医学賞	ジェームズ・ワトソン	アメリカ	動物学者・分子生物学者	ＤＮＡの分子構造の発見。(72 ページ)
	生理学・医学賞	モーリス・ウィルキンス	ニュージーランド	物理学者・分子生物学者	ＤＮＡの分子構造の発見。(73 ページ)
	文学賞	ジョン・スタインベック	アメリカ	作家	『エデンの東』、『怒りのぶどう』など。
	平和賞	ライナス・ポーリング	アメリカ	化学者	原水爆弾禁止運動。(74 ページ)
1963	物理学賞	ユージン・ウィグナー	ハンガリー	物理学者	原子核と素粒子の理論、とくに対称性の発見と応用。
	物理学賞	M・ゲッパート＝メイヤー	ポーランド	物理学者	原子核の殻構造に関する発見。
	物理学賞	J・H・イェンゼン	ドイツ	物理学者	原子核の殻構造に関する発見。
	化学賞	カール・ツィーグラー	ドイツ	化学者	新しい触媒を用いた重合法の発見と研究。
	化学賞	ジュリオ・ナッタ	イタリア	化学者	新しい触媒を用いた重合法の発見と研究。
	生理学・医学賞	ジョン・エクルズ	オーストラリア	神経生理学者	神経細胞の信号伝達に関する研究。
	生理学・医学賞	アラン・ホジキン	イギリス	生理学者・生物物理学者	神経細胞の信号伝達に関する研究。
	生理学・医学賞	アンドリュー・ハクスリー	イギリス	生理学者・生物物理学者	神経細胞の信号伝達に関する研究。
	文学賞	イオルゴス・セフェリス	トルコ	詩人	『練習帳』、『つぐみ』など。
	平和賞	赤十字国際委員会	スイス	国際機関	赤十字発足 100 周年。(33 ページ)
	平和賞	国際赤十字赤新月社連盟	スイス	国際機関	国際的な救済事業、平和時の医療事業など。
1964	物理学賞	チャールズ・タウンズ	アメリカ	物理学者	レーザー発見につながる量子エレクトロニクスの研究。

ノーベル賞受賞者一覧

受賞年度	部門	受賞者	出生地・所在地	職業など	受賞理由・おもな業績・代表作
1951	生理学・医学賞	マックス・タイラー	南アフリカ	微生物学者	黄熱病ワクチンの発見。(57ページ)
	文学賞	ペール・ラーゲルクヴィスト	スウェーデン	小説家・詩人・劇作家	『こびと』、『バラバ』など。
	平和賞	レオン・ジュオー	フランス	労働運動指導者	国際労働機関(ＩＬＯ)の設立など労働運動に貢献。
1952	物理学賞	フェリックス・ブロッホ	スイス	物理学者	核磁気の精密測定法の開発とそれに関する発見。
	物理学賞	E・M・パーセル	アメリカ	物理学者	核磁気の精密測定法の開発とそれに関する発見。
	化学賞	アーチャー・マーティン	イギリス	生化学者	分配クロマトグラフィーの発明。
	化学賞	リチャード・シング	イギリス	生化学者	分配クロマトグラフィーの発明。
	生理学・医学賞	セルマン・ワクスマン	ウクライナ	生化学者・微生物学者	結核に有効な抗生物質ストレプトマイシンの発見。
	文学賞	フランソワ・モーリアック	フランス	作家	『イエスの生涯』、『テレーズ・デスケールー』など。
	平和賞	A・シュヴァイツァー	フランス	哲学者・神学者・医師・音楽家	アフリカでの医療事業など。(60ページ)
1953	物理学賞	フリッツ・ゼルニケ	オランダ	物理学者	位相差顕微鏡の発明。(62ページ)
	化学賞	H・シュタウディンガー	ドイツ	化学者	高分子化学分野での数々の発見。
	生理学・医学賞	ハンス・クレブス	ドイツ	医師・生化学者	代謝におけるクエン酸回路の発見。
	生理学・医学賞	フリッツ・リップマン	ロシア	生化学者	中間代謝で重要なコエンザイムAの発見。
	文学賞	ウィンストン・チャーチル	イギリス	政治家・イギリス首相	『第二次世界大戦』など。
	平和賞	G・C・マーシャル	アメリカ	軍人・政治家	第二次世界大戦後のヨーロッパの復興と安定への貢献。
1954	物理学賞	マックス・ボルン	ポーランド	物理学者	量子力学の基礎研究、とくに波動関数の確率解釈。
	物理学賞	ヴァルター・ボーテ	ドイツ	物理学者	コインシデンス法による原子核反応と宇宙線の研究。
	化学賞	ライナス・ポーリング	アメリカ	化学者	化学結合の本性の研究、複雑な分子の構造研究。
	生理学・医学賞	ジョン・エンダース	アメリカ	生物医学者	ポリオウイルスの成長可能性に関する発見と研究。
	生理学・医学賞	トーマス・ウェラー	アメリカ	ウイルス学者	ポリオウイルスの成長可能性に関する発見と研究。
	生理学・医学賞	フレデリック・ロビンス	アメリカ	小児科医・ウイルス学者	ポリオウイルスの成長可能性に関する発見と研究。
	文学賞	アーネスト・ヘミングウェイ	アメリカ	小説家・詩人	『武器よさらば』、『老人と海』など。(64ページ)
	平和賞	国連難民高等弁務官事務所	スイス	国際連合の難民支援機関	冷戦下の難民・亡命者の保護。
1955	物理学賞	ウィリス・ラム	アメリカ	物理学者	水素スペクトルの微細構造に関する発見。
	物理学賞	ポリカープ・クッシュ	ドイツ	物理学者	電子の磁気モーメントの精密な決定法の開発。
	化学賞	V・デュ・ヴィニョー	アメリカ	生化学者	硫黄を含む生体物質の構造決定と合成。
	生理学・医学賞	ヒューゴ・テオレル	スウェーデン	生化学者	酸化酵素の性質および作用のしくみの発見。
	文学賞	ハルドル・ラクスネス	アイスランド	作家	『独立の民』、『極北の秘教』など。
1956	物理学賞	ウィリアム・ショックレー	イギリス	物理学者	半導体の研究、トランジスタ効果の発見。(66ページ)
	物理学賞	ジョン・バーディーン	アメリカ	物理学者	半導体の研究、トランジスタ効果の発見。(66ページ)
	物理学賞	ウォルター・ブラッテン	中国	物理学者	半導体の研究、トランジスタ効果の発見。(66ページ)
	化学賞	シリル・ヒンシェルウッド	イギリス	化学者	化学反応のしくみに関する研究。
	化学賞	ニコライ・セミョーノフ	ロシア	物理学者・化学者	化学反応のしくみに関する研究。
	生理学・医学賞	アンドレ・クールナン	フランス	医師・生理学者	心臓カテーテル法と循環器系の病理学的変化の研究。
	生理学・医学賞	ヴェルナー・フォルスマン	ドイツ	医師	心臓カテーテル法と循環器系の病理学的変化の研究。
	生理学・医学賞	ディキソン・リチャーズ	アメリカ	医師・生理学者	心臓カテーテル法と循環器系の病理学的変化の研究。
	文学賞	フアン・ラモン・ヒメネス	スペイン	詩人	『プラテーロとわたし』など。
1957	物理学賞	楊振寧	中国	物理学者	素粒子におけるパリティ非保存についての研究。
	物理学賞	李政道	中国	物理学者	素粒子におけるパリティ非保存についての研究。
	化学賞	アレクサンダー・トッド	スコットランド(イギリス)	生化学者	ヌクレオチドとその補酵素に関する研究。
	生理学・医学賞	ダニエル・ボベット	スイス	薬理学者	神経伝達物質のはたらきを阻害する薬剤に関する発見。
	文学賞	アルベール・カミュ	アルジェリア	小説家・劇作家・哲学者	『異邦人』、『ペスト』など。(68ページ)
	平和賞	レスター・ピアソン	カナダ	政治家・外交官	スエズ動乱への国連緊急軍の派遣を提案。
1958	物理学賞	パーヴェル・チェレンコフ	ロシア	物理学者	チェレンコフ効果の発見とその解釈。
	物理学賞	イリヤ・フランク	ロシア	物理学者	チェレンコフ効果の発見とその解釈。

ノーベル賞受賞者一覧

受賞年度	部門	受賞者	出生地・所在地	職業など	受賞理由・おもな業績・代表作
1944	平和賞	赤十字国際委員会	スイス	国際機関	戦時中の人道行為。
1945	物理学賞	ヴォルフガング・パウリ	オーストリア	物理学者	パウリの原理と呼ばれる排他律の発見。(80 ページ)
	化学賞	アルトゥーリ・ヴィルタネン	フィンランド	化学者	農業化学と栄養化学の研究、飼料保存法の開発。
	生理学・医学賞	アレクサンダー・フレミング	スコットランド(イギリス)	細菌学者	抗生物質ペニシリンの発見。(56 ページ)
	生理学・医学賞	エルンスト・チェーン	ドイツ	生化学者	感染症に対するペニシリンの治療効果の発見。
	生理学・医学賞	ハワード・フローリー	オーストラリア	薬理学者・病理学者	感染症に対するペニシリンの治療効果の発見。
	文学賞	ガブリエラ・ミストラル	チリ	詩人・外交官	『荒廃』、『愛情』など。
	平和賞	コーデル・ハル	アメリカ	政治家	国際協調のための組織である国際連合の樹立への貢献。
1946	物理学賞	パーシー・ブリッジマン	アメリカ	物理学者	超高圧発生装置の発明、高圧物理学に関する発見。
	化学賞	ジェームズ・サムナー	アメリカ	化学者	酵素の結晶化の発見。
	化学賞	ジョン・ノースロップ	アメリカ	生化学者	酵素とウイルスタンパク質の結晶化。
	化学賞	ウェンデル・スタンリー	アメリカ	生化学者	酵素とウイルスタンパク質の結晶化。(57 ページ)
	生理学・医学賞	ハーマン・マラー	アメリカ	遺伝学者	X 線照射による突然変異発現の発見。
	文学賞	ヘルマン・ヘッセ	ドイツ	詩人・小説家	『車輪の下』、『デミアン』など。
	平和賞	エミリー・グリーン・ボルチ	アメリカ	経済学者	婦人国際平和自由連盟を通じた平和運動。
	平和賞	ジョン・ローリー・モット	アメリカ	宗教家	キリスト教青年会(ＹＭＣＡ)を通して平和に貢献。
1947	物理学賞	エドワード・アップルトン	イギリス	物理学者	上層大気の物理的研究、とくにアップルトン層の発見。
	化学賞	ロバート・ロビンソン	イギリス	化学者	アルカロイドなどの植物生成物の研究。
	生理学・医学賞	カール・コリ	チェコ	生化学者・薬理学者	グリコーゲンの触媒的分解経路の発見。
	生理学・医学賞	ゲルティー・コリ	チェコ	生化学者	グリコーゲンの触媒的分解経路の発見。
	生理学・医学賞	バーナード・ウッセイ	アルゼンチン	生理学者	糖代謝における脳下垂体前葉ホルモンの役割の発見。
	文学賞	アンドレ・ジッド	フランス	小説家	『贋金つくり』、『狭き門』など。
	平和賞	フレンズ奉仕団	イギリス	宗教団体	国家間・民族間の和解に尽力。
	平和賞	アメリカ・フレンズ奉仕委員会	アメリカ	宗教団体	国家間・民族間の和解に尽力。
1948	物理学賞	パトリック・ブラケット	イギリス	物理学者	霧箱の改良、核物理学と宇宙線の分野における発見。
	化学賞	アルネ・ティセリウス	スウェーデン	生化学者	電気泳動装置の研究、血清タンパクに関する発見。
	生理学・医学賞	パウル・ミュラー	スイス	化学者	ＤＤＴの強力な殺虫作用の発見。
	文学賞	Ｔ・Ｓ・エリオット	イギリス	詩人・批評家	『荒地』、『四つの四重奏』など。
1949	物理学賞	湯川 秀樹	日本	物理学者	中間子の存在の理論的予測。(58 ページ)
	化学賞	ウイリアム・ジオーク	アメリカ	化学者	化学熱力学への貢献、とくに極低温での物質の性質の研究。
	生理学・医学賞	ヴァルター・ヘス	スイス	生理学者	内臓の活動を統合する間脳のはたらきの発見。
	生理学・医学賞	エガス・モニス	ポルトガル	神経学者・政治家	前頭葉切断の、ある種の精神病への治療効果の発見。
	文学賞	ウィリアム・フォークナー	アメリカ	小説家	『アブサロム、アブサロム!』など。(64 ページ)
	平和賞	ジョン・ボイド・オア	イギリス	生理学者・栄養学者・政治家	世界の食糧問題の解決に尽力。
1950	物理学賞	セシル・パウエル	イギリス	物理学者	原子核崩壊過程の研究法の開発、中間子の実験的発見。
	化学賞	オットー・ディールス	ドイツ	化学者	ジエン合成法(ディールス・アルダー反応)の発見と応用。
	化学賞	クルト・アルダー	ポーランド	化学者	ジエン合成法(ディールス・アルダー反応)の発見と応用。
	生理学・医学賞	エドワード・ケンドール	アメリカ	化学者	副腎皮質ホルモンの構造と生物学的作用に関する発見。
	生理学・医学賞	タデウシュ・ライヒスタイン	ポーランド	化学者	副腎皮質ホルモンの構造と生物学的作用に関する発見。
	生理学・医学賞	フィリップ・ヘンチ	アメリカ	医師	副腎皮質ホルモンの構造と生物学的作用に関する発見。
	文学賞	バートランド・ラッセル	イギリス	哲学者・論理学者・社会思想家	『哲学の科学的方法』、『人間の知識』など。
	平和賞	ラルフ・バンチ	アメリカ	政治学者・外交官	イスラエル・エジプト間の休戦調停。
1951	物理学賞	ジョン・コッククロフト	イギリス	物理学者	人工加速荷電粒子による原子核変換の研究。
	物理学賞	アーネスト・ウォルトン	アイルランド	物理学者	人工加速荷電粒子による原子核変換の研究。
	化学賞	エドウィン・マクミラン	アメリカ	物理学者	超ウラン元素(ウランよりも重い元素)の発見。
	化学賞	グレン・シーボーグ	アメリカ	化学者・物理学者	超ウラン元素(ウランよりも重い元素)の発見。

ノーベル賞受賞者一覧

受賞年度	部門	受賞者	出生地・所在地	職業など	受賞理由・おもな業績・代表作
1933	文学賞	イワン・ブーニン	ロシア	作家	『暗い並木道』、『アルセーニエフの青春』など。
	平和賞	ノーマン・エンジェル	イギリス	政治経済評論家	戦争否定論者として国際平和に貢献。
1934	化学賞	ハロルド・ユーリー	アメリカ	化学者	重水素の発見。
	生理学・医学賞	ジョージ・ウィップル	アメリカ	医師・医学者	貧血に対する肝臓療法の発見。
	生理学・医学賞	ジョージ・マイノット	アメリカ	医師・医学者	貧血に対する肝臓療法の発見。
	生理学・医学賞	ウィリアム・マーフィー	アメリカ	医師・医学者	貧血に対する肝臓療法の発見。
	文学賞	ルイジ・ピランデルロ	イタリア	劇作家・小説家	『作者を探す六人の登場人物』など。
	平和賞	アーサー・ヘンダーソン	スコットランド（イギリス）	政治家	ジュネーブ海軍軍縮会議の議長をつとめる。
1935	物理学賞	ジェームズ・チャドウィック	イギリス	物理学者	中性子の発見。（59ページ）
	化学賞	F・ジョリオ＝キュリー	フランス	物理学者	人工放射性元素の発見。（48ページ）
	化学賞	I・ジョリオ＝キュリー	フランス	物理学者	人工放射性元素の発見。（48ページ）
	生理学・医学賞	ハンス・シュペーマン	ドイツ	発生学者	胚発生における誘導作用の発見。
	平和賞	カール・フォン・オシエツキー	ドイツ	ジャーナリスト・平和運動家	平和活動・反戦運動を指導。（51ページ）
1936	物理学賞	V・F・ヘス	オーストリア	物理学者	宇宙線（宇宙空間を飛び交う放射線）の発見。
	物理学賞	C・D・アンダーソン	アメリカ	物理学者	陽電子（電子の反粒子）の発見。
	化学賞	ペトルス・デバイ	オランダ	物理学者・化学者	双極子モーメントなどの研究による分子構造の探究。
	生理学・医学賞	ヘンリー・デイル	イギリス	薬理学者・生理学者	神経刺激の化学的伝達に関する発見。
	生理学・医学賞	オットー・レーヴィ	ドイツ	薬理学者・生理学者	神経刺激の化学的伝達に関する発見。
	文学賞	ユージーン・オニール	アメリカ	劇作家	『地平線の彼方』、『夜への長い旅路』など。
	平和賞	C・S・ラマス	アルゼンチン	法学者・社会学者・政治家	パラグアイ・ボリビア戦争の仲裁。
1937	物理学賞	クリントン・デイヴィソン	アメリカ	物理学者	結晶による電子線回折現象の、実験による発見。
	物理学賞	G・P・トムソン	イギリス	物理学者	結晶による電子線回折現象の、実験による発見。
	化学賞	ノーマン・ハワース	イギリス	化学者	炭水化物とビタミンCの研究。
	化学賞	パウル・カーラー	ロシア	化学者	カロテノイド類・フラビン類・ビタミンの研究。
	生理学・医学賞	セント＝ジェルジ・アルベルト	ハンガリー	生理学者	ビタミンC・フマル酸の触媒作用に関する発見。（45ページ）
	文学賞	ロジェ・マルタン・デュ・ガール	フランス	劇作家・小説家	『チボー家の人々』など。
	平和賞	ロバート・セシル	イギリス	政治家	国際連盟設立の推進。
1938	物理学賞	エンリコ・フェルミ	イタリア	物理学者	中性子放射による人工放射能の研究など。（55ページ）
	化学賞	リヒャルト・クーン	オーストリア	生化学者	カロテノイド類・ビタミン類に関する研究。
	生理学・医学賞	コルネイユ・エイマン	ベルギー	生理学者	呼吸調節における大動脈などの役割の発見。
	文学賞	パール・バック	アメリカ	作家	『大地』、『神の人々』など。
	平和賞	ナンセン国際難民事務所	スイス	国際連盟の専門機関	難民や亡命者の救済。
1939	物理学賞	アーネスト・ローレンス	アメリカ	物理学者	サイクロトロンの開発、人工放射性元素の研究。
	化学賞	アドルフ・ブーテナント	ドイツ	生化学者	性ホルモンの研究。
	化学賞	レオポルト・ルジチカ	クロアチア	化学者	ポリメチレン類・高級テルペン類の研究。
	生理学・医学賞	ゲルハルト・ドーマク	ポーランド	病理学者・細菌学者・医師	プロントジルの抗菌効果の発見。（56ページ）
	文学賞	F・E・シランペー	フィンランド	作家	『聖貧』、『少女シリアの死』など。
1943	物理学賞	オットー・シュテルン	ポーランド	物理学者	分子線法の開発、陽子の磁気モーメントの発見。
	化学賞	ゲオルク・ド・ヘヴェシー	ハンガリー	化学者	同位体を化学反応過程の追跡に利用。
	生理学・医学賞	ヘンリク・ダム	デンマーク	生化学者	ビタミンKの発見。
	生理学・医学賞	エドワード・ドイジー	アメリカ	生化学者	ビタミンKの化学的性質の発見。
1944	物理学賞	イジドール・イザーク・ラビ	ポーランド	物理学者	原子核の磁気的性質を測定する共鳴法の開発。
	化学賞	オットー・ハーン	ドイツ	化学者	原子核分裂の発見。（55ページ）
	生理学・医学賞	ジョセフ・アーランガー	アメリカ	生理学者	個々の神経繊維のはたらきの高度なちがいに関する発見。
	生理学・医学賞	ハーバート・ガッサー	アメリカ	生理学者	個々の神経繊維のはたらきの高度なちがいに関する発見。
	文学賞	J・V・イェンセン	デンマーク	作家	『ヒンメルランの物語』など。

ノーベル賞受賞者一覧

受賞年度	部門	受賞者	出生地・所在地	職業など	受賞理由・おもな業績・代表作
1925	文学賞	ジョージ・バーナード・ショー	アイルランド	劇作家・小説家・批評家	『人と超人』、『ピグマリオン』など。
	平和賞	オースティン・チェンバレン	イギリス	政治家	第一次世界大戦後のヨーロッパの安定化への貢献。
	平和賞	C・G・ドーズ	アメリカ	実業家・政治家	第一次世界大戦後のドイツの賠償案を提案。
1926	物理学賞	J・B・ペラン	フランス	物理学者	物質の不連続的構造（分子理論）の研究など。
	化学賞	テオドール・スヴェドベリ	スウェーデン	化学者	分散系に関する研究。
	生理学・医学賞	ヨハネス・フィビゲル	デンマーク	病理学者	がんは寄生虫によって生じるという説（誤り）を提唱。
	文学賞	グラツィア・デレッダ	イタリア	作家	『悪の道』、『灰』など。
	平和賞	アリスティード・ブリアン	フランス	政治家	第一次世界大戦後のヨーロッパの秩序回復。
	平和賞	グスタフ・シュトレーゼマン	ドイツ	政治家	第一次世界大戦後のヨーロッパの秩序回復。
1927	物理学賞	アーサー・コンプトン	アメリカ	物理学者	コンプトン効果の発見。
	物理学賞	C・T・R・ウィルソン	スコットランド(イギリス)	物理学者	霧箱によって荷電粒子の飛跡を観察する方法の考案。
	化学賞	ハインリッヒ・ヴィーラント	ドイツ	化学者	胆汁酸とその類縁物質の構造の研究。
	生理学・医学賞	J・ワーグナー＝ヤウレック	オーストリア	精神医学者・精神病理学者	進行麻痺に対するマラリア接種の治療効果の発見。
	文学賞	アンリ・ベルクソン	フランス	哲学者	『物質と記憶』、『創造的進化』など。
	平和賞	フェルディナン・ビュイソン	フランス	政治家・教育者	平和・慈善事業への貢献。
	平和賞	ルートヴィッヒ・クヴィデ	ドイツ	平和運動家	反戦・平和運動。
1928	物理学賞	オーエン・リチャードソン	イギリス	物理学者	熱電子現象の研究、とくにリチャードソンの法則の発見。
	化学賞	アドルフ・ヴィンダウス	ドイツ	化学者	ステロール類の構造、ビタミン類との関連性の研究。
	生理学・医学賞	シャルル・ニコル	フランス	細菌学者	チフスに関する研究。
	文学賞	シグリ・ウンセット	デンマーク	小説家	『花嫁の冠』、『十字架』など。
1929	物理学賞	ルイ・ド・ブロイ	フランス	物理学者	電子の波動性（波の性質をもつこと）の発見。(42 ページ)
	化学賞	アーサー・ハーデン	イギリス	生化学者	糖類の発酵と発酵酵素類に関する研究。
	化学賞	H・フォン・オイラー＝ケルピン	ドイツ	生化学者	糖類の発酵と発酵酵素類に関する研究。
	生理学・医学賞	クリスティアーン・エイクマン	オランダ	医師・生理学者	抗神経炎ビタミンの発見。(45 ページ)
	生理学・医学賞	フレデリック・ホプキンズ	イギリス	生化学者	成長促進ビタミンの発見。(45 ページ)
	文学賞	トーマス・マン	ドイツ	小説家・批評家	『トニオ・クレーゲル』、『魔の山』など。(51 ページ)
	平和賞	F・B・ケロッグ	アメリカ	政治家	パリ不戦条約（ケロッグ・ブリアン協定）の締結。
1930	物理学賞	チャンドラセカール・ラマン	インド	物理学者	光の散乱に関する研究、ラマン効果の発見。
	化学賞	ハンス・フィッシャー	ドイツ	化学者	ヘミンとクロロフィルの構造研究、ヘミンの合成。
	生理学・医学賞	カール・ラントシュタイナー	オーストリア	免疫学者・病理学者	ヒトの血液型の発見。(46 ページ)
	文学賞	シンクレア・ルイス	アメリカ	作家	『本町通り』、『バビット』など。
	平和賞	ナータン・セーデルブロム	スウェーデン	神学者	キリスト教協会の連帯による国際理解への活動。
1931	化学賞	カール・ボッシュ	ドイツ	化学者・化学技術者	高圧化学的方法の発明と開発。
	化学賞	フリードリッヒ・ベルギウス	ポーランド	化学者	高圧化学的方法の発明と開発。
	生理学・医学賞	オットー・ワールブルク	ドイツ	生化学者・生理学者	呼吸酵素の特性と、それがはたらくしくみの発見。
	文学賞	E・A・カールフェルト	スウェーデン	詩人	辞退、死後受賞。『フンドリンの歌』など。
	平和賞	ジェーン・アダムズ	アメリカ	社会事業家	平和と自由国際女性同盟の会長をつとめる。
	平和賞	N・M・バトラー	アメリカ	教育家	国際理解・国際平和のための活動。
1932	物理学賞	ヴェルナー・ハイゼンベルク	ドイツ	物理学者	量子力学の創始、パラ・オルト水素の発見。(43 ページ)
	化学賞	アーヴィング・ラングミュア	アメリカ	化学者・物理学者	界面化学（物質と物質の境界をあつかう化学）の研究。
	生理学・医学賞	チャールズ・シェリントン	イギリス	神経生理学者	神経細胞（ニューロン）のはたらきに関する発見。
	生理学・医学賞	エドガー・エイドリアン	イギリス	神経生理学者	神経細胞（ニューロン）のはたらきに関する発見。
	文学賞	ジョン・ゴールズワージー	イギリス	小説家・劇作家	『林檎の樹』、『或る女の半生』など。
1933	物理学賞	E・シュレディンガー	オーストリア	物理学者	原子論の新しく有効な形式の発見。(43 ページ)
	物理学賞	ポール・ディラック	イギリス	物理学者	原子論の新しく有効な形式の発見。(43 ページ)
	生理学・医学賞	トーマス・ハント・モーガン	アメリカ	遺伝学者	遺伝における染色体の役割の発見。(47 ページ)

ノーベル賞受賞者一覧

受賞年度	部門	受賞者	出生地・所在地	職業など	受賞理由・おもな業績・代表作
1913	平和賞	アンリ・ラ・フォンテーヌ	ベルギー	法律家・政治家	常設国際平和局の事務局長をつとめる。
1914	物理学賞	マックス・フォン・ラウエ	ドイツ	物理学者	結晶によるX線回折現象の発見。
	化学賞	セオドア・リチャーズ	アメリカ	化学者	多数の元素の原子量の精密測定。
	生理学・医学賞	ローベルト・バーラーニ	オーストリア	耳鼻科医	前庭器官の生理学・病理学に関する研究。
1915	物理学賞	W・H・ブラッグ	イギリス	物理学者	X線による結晶構造解析に関する研究。
	物理学賞	W・L・ブラッグ	オーストラリア	物理学者	X線による結晶構造解析に関する研究。
	化学賞	R・ヴィルシュテッター	ドイツ	化学者	植物色素、とくにクロロフィルに関する研究。
	文学賞	ロマン・ロラン	フランス	小説家・劇作家	『ジャン・クリストフ』、『魅せられたる魂』など。
1916	文学賞	V・フォン・ヘイデンスタム	スウェーデン	詩人・作家	『薄幸詩人の死』、『何年ぶりかの哄笑』など。
1917	物理学賞	チャールズ・バークラ	イギリス	物理学者	元素の特性X線の発見。
	文学賞	カール・ギェレルプ	デンマーク	詩人・作家	『ブリュンヒルデ』、『覚者の妻』など。
	文学賞	ヘンリク・ポントピダン	デンマーク	作家	『約束の土地』、『幸福なペール』など。
	平和賞	赤十字国際委員会	スイス	国際機関	第一次世界大戦の捕虜の保護。(33ページ)
1918	物理学賞	マックス・プランク	ドイツ	物理学者	エネルギー量子の発見。(34ページ)
	化学賞	フリッツ・ハーバー	ポーランド	化学者	成分元素からのアンモニアの合成法。(33ページ)
1919	物理学賞	ヨハネス・シュタルク	ドイツ	物理学者	カナル線のドップラー効果、シュタルク効果の発見。
	生理学・医学賞	ジュール・ボルデ	ベルギー	免疫学者・細菌学者	免疫に関するさまざまな発見。
	文学賞	カール・シュピッテラー	スイス	詩人	『オリュンピアの春』、『イマーゴー』など。
	平和賞	ウッドロウ・ウィルソン	アメリカ	政治家・アメリカ大統領	国際協調のための組織である国際連盟の創設への貢献。
1920	物理学賞	C・E・ギヨーム	スイス	物理学者	インバー合金の発見、それによる精密測定の開発。
	化学賞	ヴァルター・ネルンスト	ドイツ	化学者	熱化学の研究。
	生理学・医学賞	アウグスト・クローグ	デンマーク	生物学者・生理学者	毛細血管運動を調整するしくみの発見。
	文学賞	クヌート・ハムスン	ノルウェー	小説家	『飢え』、『土の恵み』など。
	平和賞	レオン・ブルジョワ	フランス	政治家	国際連盟設立の提唱。
1921	物理学賞	A・アインシュタイン	ドイツ	物理学者	理論物理学への貢献、とくに光電効果の研究。(36ページ)
	化学賞	フレデリック・ソディ	イギリス	化学者	放射性物質の化学、同位体に関する研究。
	文学賞	アナトール・フランス	フランス	小説家・評論家	『神々は渇く』、『舞姫タイス』など。
	平和賞	ヤルマール・ブランティング	スウェーデン	政治家・スウェーデン首相	国際連盟を支持、軍縮(軍備を減らすこと)を主張。
	平和賞	クリスティアン・ランゲ	ノルウェー	平和主義者	列国議会同盟事務総長をつとめる。
1922	物理学賞	ニールス・ボーア	デンマーク	物理学者	原子構造と原子からの放射の研究。(38ページ)
	化学賞	フランシス・アストン	イギリス	化学者・物理学者	質量分析法の開発、非放射性元素の同位体の発見など。
	生理学・医学賞	アーチボルド・ヒル	イギリス	生理学者	筋肉中の熱生成に関する発見。
	生理学・医学賞	オットー・マイヤーホフ	ドイツ	医師・生化学者	筋肉における酸素消費と乳酸生成との関連性の発見。
	文学賞	ハシント・ベナベンテ	スペイン	劇作家	『他人の巣』、『名士たち』など。
	平和賞	フリチョフ・ナンセン	ノルウェー	探検家・海洋学者・政治家	ロシア革命における難民の救済など。
1923	物理学賞	ロバート・ミリカン	アメリカ	物理学者	電気素量や光電効果に関する研究。
	化学賞	フリッツ・プレーグル	スロベニア	化学者	有機化合物の微量分析法の開発。
	生理学・医学賞	フレデリック・バンティング	カナダ	医師・医学者	インスリンの発見。(40ページ)
	生理学・医学賞	J・J・R・マクラウド	スコットランド(イギリス)	生化学者・生理学者	インスリンの発見。(40ページ)
	文学賞	W・B・イェイツ	アイルランド	詩人・劇作家	『ケルトの薄明』、『鷹の井戸』など。
1924	物理学賞	マンネ・シーグバーン	スウェーデン	物理学者	X線分光学における発見と研究。
	生理学・医学賞	W・アイントホーフェン	インドネシア	医師・生理学者	心電図のしくみの発見、心電図法の発明。(41ページ)
	文学賞	ヴワディスワフ・レイモント	ポーランド	小説家	『約束の地』、『農民』など。
1925	物理学賞	グスタフ・ヘルツ	ドイツ	物理学者	原子に対する電子衝突を支配する法則の発見。
	物理学賞	ジェームス・フランク	ドイツ	物理学者	原子に対する電子衝突を支配する法則の発見。
	化学賞	リヒャルト・ジグモンディ	オーストリア	化学者	コロイド溶液の研究、現代コロイド化学の確立。

ノーベル賞受賞者一覧

受賞年度	部門	受賞者	出生地・所在地	職業など	受賞理由・おもな業績・代表作
1906	化学賞	アンリ・モアッサン	フランス	化学者	フッ素の研究と分離、モアッサン電気炉の開発。
	生理学・医学賞	カミッロ・ゴルジ	イタリア	病理学者・神経科学者	神経組織の構造の研究。
	生理学・医学賞	S・R・イ・カハール	スペイン	病理学者・神経科学者	神経組織の構造の研究。
	文学賞	ジョズエ・カルドゥッチ	イタリア	詩人・古典文学者	『魔王の讃歌』など。
	平和賞	セオドア・ルーズベルト	アメリカ	政治家・アメリカ大統領	日露戦争を終わらせるポーツマス条約締結への貢献。
1907	物理学賞	アルバート・マイケルソン	ポーランド	物理学者	マイケルソン干渉計の考案、分光学と度量衡学の研究。
	化学賞	エドゥアルト・ブフナー	ドイツ	生化学者	生化学的研究、無細胞発酵の発見。
	生理学・医学賞	アルフォンス・ラヴラン	フランス	医師・病理学者	病気の原因となる微生物である原虫の発見。
	文学賞	ラドヤード・キップリング	イギリス	小説家	『ジャングル・ブック』、『キム』など。
	平和賞	E・T・モネータ	イタリア	ジャーナリスト	国際平和協会の創立などの平和運動。
	平和賞	ルイ・ルノー	フランス	法学者	ハーグ国際平和会議で常設仲裁裁判所判事をつとめる。
1908	物理学賞	ガブリエル・リップマン	ルクセンブルク	物理学者	光の干渉を利用した天然色（カラー）写真技術の開発。
	化学賞	アーネスト・ラザフォード	ニュージーランド	物理学者	元素の崩壊と放射性物質の化学の研究。（24ページ）
	生理学・医学賞	イリヤ・メチニコフ	ウクライナ	細菌学者・動物学者	免疫の研究。（22ページ）
	生理学・医学賞	パウル・エールリヒ	ポーランド	細菌学者・生化学者	免疫の研究。（22ページ）
	文学賞	ルドルフ・オイケン	ドイツ	哲学者	『人生の意味と価値』など。
	平和賞	ポントゥス・アルノルドソン	スウェーデン	作家・平和運動家	ノルウェーを平和的にスウェーデンから独立させる。
	平和賞	フレデリック・バイエル	デンマーク	政治家・平和運動家	北ヨーロッパを世界の中で中立的な立場へみちびく。
1909	物理学賞	グリエルモ・マルコーニ	イタリア	物理学者・発明家・電気技師	無線電信の研究。（26ページ）
	物理学賞	フェルディナント・ブラウン	ドイツ	物理学者	無線電信の研究。
	化学賞	ヴィルヘルム・オストヴァルト	ラトビア	化学者	触媒作用や、化学平衡と反応速度の研究。
	生理学・医学賞	テオドール・コッハー	スイス	外科医学者	甲状腺の生理学・病理学・外科学的研究。
	文学賞	セルマ・ラーゲルレーヴ	スウェーデン	小説家	『ニルスのふしぎな旅』、『幻の馬車』など。（31ページ）
	平和賞	A・ベールナールト	ベルギー	政治家	ハーグ国際平和会議で代表をつとめ、国際平和に貢献。
	平和賞	E・ド・コンスタン	フランス	外交官・政治家	常設仲裁裁判所の提唱者。国同士の和解に貢献。
1910	物理学賞	J・ファン・デル・ワールス	オランダ	物理学者	気体・液体の状態方程式に関する研究。
	化学賞	オットー・ヴァラッハ	ロシア	化学者	脂環式化合物分野の先駆的研究。
	生理学・医学賞	アルブレヒト・コッセル	ドイツ	生化学者	タンパク質や核酸の研究による細胞化学への貢献。
	文学賞	パウル・フォン・ハイゼ	ドイツ	作家	『ララビアータ』、『忘られぬ言葉』など。
	平和賞	常設国際平和局	スイス	非政府組織	国際的平和活動への貢献。
1911	物理学賞	ヴィルヘルム・ヴィーン	ロシア	物理学者	熱放射を支配する法則の発見。
	化学賞	マリー・キュリー	ポーランド	物理学者・化学者	ラジウム・ポロニウムの発見と研究。（28ページ）
	生理学・医学賞	アルヴァル・グルストランド	スウェーデン	眼科医・医学者	目の屈折光学（光を屈折させる機能）に関する研究。
	文学賞	モーリス・メーテルリンク	ベルギー	詩人・劇作家	『ペレアスとメリザンド』、『青い鳥』など。（31ページ）
	平和賞	トビアス・アッセル	オランダ	法律家	スエズ運河の中立化、国際法学会の設立など。
	平和賞	アルフレッド・フリート	オーストリア	ジャーナリスト・平和主義者	国際平和運動。人工普遍言語エスペラント語の普及。
1912	物理学賞	ニルス・グスタフ・ダレーン	スウェーデン	発明家・技術家	灯台・浮標（ブイ）用ガス貯蔵器の自動調節機の発明。
	化学賞	ヴィクトル・グリニャール	フランス	化学者	グリニャール試薬の発見。
	化学賞	ポール・サバティエ	フランス	化学者	金属微粒子を用いる有機化合物の水素化法の開発。
	生理学・医学賞	アレクシス・カレル	フランス	外科医・生物学者	血管縫合や臓器の移植などの外科手術に関する研究。
	文学賞	ゲアハルト・ハウプトマン	ドイツ	劇作家	『はたおりたち』、『日の出前』など。
	平和賞	エリフ・ルート	アメリカ	政治家	国同士の争いの調停に尽力、移民差別に反対。
1913	物理学賞	H・K・オネス	オランダ	物理学者	低温での物質の性質の研究、液体ヘリウムの生成。
	化学賞	アルフレッド・ウェルナー	フランス	化学者	分子内での原子の結合の研究による錯体化学の創始。
	生理学・医学賞	シャルル・ロベール・リシェ	フランス	生理学者	アナフィラキシー（過敏症）の研究。
	文学賞	ラビンドラナート・タゴール	インド	詩人・小説家	『ギーターンジャリ』など。（30ページ）

＊人物は出生地を記載しています。また、当時の国名ではなく、現在の国名・地名でどこに当たるかを書いてあります。

受賞年度	部　門	受賞者	出生地・所在地	職業など	受賞理由・おもな業績・代表作
1901	物理学賞	ヴィルヘルム・レントゲン	ドイツ	物理学者	X線の発見。(12ページ)
	化学賞	ヤコブス・ファント・ホッフ	オランダ	化学者	化学熱力学の法則と、溶液の浸透圧の発見。
	生理学・医学賞	E・A・フォン・ベーリング	ドイツ	細菌学者・生理学者	ジフテリアの血清療法の開発。(20ページ)
	文学賞	シュリ・プリュドム	フランス	詩人	『詩賦集』、論文「美術における表現」など。
	平和賞	アンリ・デュナン	スイス	実業家	赤十字の創設。(18ページ)
	平和賞	フレデリック・パシー	フランス	経済学者・政治家	国同士が話し合う場である列国議会同盟を提唱。
1902	物理学賞	ヘンドリック・ローレンツ	オランダ	物理学者	放射現象に対する磁性の影響の研究。
	物理学賞	ピーター・ゼーマン	オランダ	物理学者	放射現象に対する磁性の影響の研究。
	化学賞	エミール・フィッシャー	ドイツ	化学者	糖類およびプリン誘導体の合成の研究。
	生理学・医学賞	ロナルド・ロス	インド	医師・医学者	マラリアの研究。
	文学賞	テオドール・モムゼン	ドイツ	歴史家	『ローマ史』、『ローマ国家法』など。
	平和賞	エリー・デュコマン	スイス	文学者・教育者・ジャーナリスト	常設国際平和局の初代事務局長として活動。
	平和賞	C・アルベール・ゴバ	スイス	法律家・政治家	常設国際平和局を指導。
1903	物理学賞	アンリ・ベクレル	フランス	物理学者	放射線の発見。(14ページ)
	物理学賞	ピエール・キュリー	フランス	物理学者	放射線の研究。(14ページ)
	物理学賞	マリー・キュリー	ポーランド	物理学者・化学者	放射線の研究。(14ページ)
	化学賞	スヴァンテ・アレニウス	スウェーデン	物理学者・化学者	電解質溶液の理論の研究。
	生理学・医学賞	N・R・フィンセン	デンマーク	医師・医学者	光線治療法の開発による狼瘡の治療への貢献。
	文学賞	B・ビョルンソン	ノルウェー	劇作家・小説家・詩人	『詩と歌』など。ノルウェー国歌作詞。
	平和賞	W・R・クリーマー	イギリス	政治家・平和運動家	列国議会同盟の共同提唱者。
1904	物理学賞	J・W・ストラット(レイリー卿)	イギリス	物理学者	重要な気体の密度に関する研究、アルゴンの発見。
	化学賞	ウィリアム・ラムゼー	スコットランド(イギリス)	化学者	空気中の希ガス元素類の発見、周期表での位置の決定。
	生理学・医学賞	イワン・パブロフ	ロシア	生理学者	消化生理の研究。条件反射の発見。(16ページ)
	文学賞	フレデリック・ミストラル	フランス	詩人	『ミレイユ』など。プロヴァンス語の再興。
	文学賞	ホセ・アイサギレ	スペイン	土木工学者・数学者・劇作家	『恐ろしき媒』など。
	平和賞	万国国際法学会	ベルギー	国際的な私的組織	国際法を研究し、どう改良するかを提案。
1905	物理学賞	フィリップ・レーナルト	スロバキア	物理学者	陰極線に関する研究。
	化学賞	アドルフ・フォン・バイヤー	ドイツ	有機化学者	有機染料とヒドロ芳香族化合物の研究。
	生理学・医学賞	ロベルト・コッホ	ドイツ	細菌学者	結核に関する研究、結核菌の発見。(20ページ)
	文学賞	ヘンリク・シェンキェヴィチ	ポーランド	ジャーナリスト・小説家	『クォ・ヴァディス』など。
	平和賞	ベルタ・フォン・ズットナー	チェコ	作家・平和運動家	国際平和運動。(19ページ)
1906	物理学賞	ジョセフ・ジョン・トムソン	イギリス	物理学者	気体内の電気伝導について、理論・実験の両面で研究。

チャルフィー（マーティン）…… **135**
DNA（ディーエヌエー）…… 47,72,73,128,153
ディラック（ポール）…… **43**
デュナン（アンリ）…… **18**,**19**,33
ド・ブロイ（ルイ）…… 35,**42**
ドーマク（ゲルハルト）…… **56**,77
利根川 進（とねがわ すすむ）…… **102**,**103**,148
朝永 振一郎（ともなが しんいちろう）…… 59,**80**,**81**

な～の

中村 修二（なかむら しゅうじ）…… **142**,**143**
ナッシュ（ジョン）…… **112**
南部 陽一郎（なんぶ よういちろう）…… **130**,**131**
根岸 英一（ねぎし えいいち）…… **138**,**139**
ノーベル（アルフレッド）…… **6**,**7**,8-10,19,31,87
野依 良治（のより りょうじ）…… **124**,**125**,126,149

は～ほ

バーディーン（ジョン）…… **66**,**67**,68,121,153
ハーバー（フリッツ）…… **33**
ハーン（オットー）…… **55**
ハイゼンベルク（ヴェルナー）‥ 35,**43**,55,80,152
ハウンズフィールド（ゴッドフリー）…… **96**,**97**
パステルナーク（ボリス）…… **77**
パブロフ（イワン）…… **16**,**17**,18
ハマーショルド（ダグ）…… **70**,**71**
バンティング（フレデリック）…… **40**
半導体（はんどうたい）…… 66,89,120,121,143
ビーニッヒ（ゲルト）…… **63**
フォークナー（ウィリアム）…… **64**,**65**
福井 謙一（ふくい けんいち）…… **98**,**99**
ブラッテン（ウォルター）…… **66**,**67**,121
プランク（マックス）…… **34**,**35**,38,42,152
フレミング（アレクサンダー）…… **56**,57
ベーリング（エミール・アドルフ・フォン）… **20**,**21**
ベクレル（アンリ）…… **14**,**15**,28,49
ベケット（サミュエル）…… **84**,**85**
ヘック（リチャード）…… **138**,**139**
ヘミングウェイ（アーネスト）…… **64**,**65**
放射線（ほうしゃせん） 5,14,15,24,28,29,49,54,74,75,92,152
ボーア（ニールス）…… 35,**38**,**39**,42,55,152
ポーリング（ライナス）…… **74**,**75**,153
ホプキンズ（フレデリック）…… **45**

ま～も

マータイ（ワンガリ）…… **136**
マクラウド（ジョン・ジェームズ・リチャード）‥ **40**
マザー・テレサ …… 5,**94**,**95**
益川 敏英（ますかわ としひで）…… **132**,**133**,149
マルコーニ（グリエルモ）…… **26**,**27**
マン（トーマス）…… **51**
マンデラ（ネルソン）…… 93,**108**,**109**
メーテルリンク（モーリス）…… **31**
メチニコフ（イリヤ）…… **22**,**23**,24
モーガン（トーマス・ハント）…… **46**,**47**
モリーナ（マリオ）…… **114**

や～よ

山中 伸弥（やまなか しんや）…… 5,**140**,**141**
湯川 秀樹（ゆかわ ひでき）…… 5,**58**,**59**,81,99,125,126,153
ユスフザイ（マララ）…… **137**,151,152

ら～ろ

ラーゲルレーヴ（セルマ）…… **31**
ラザフォード（アーネスト）…… **24**,**25**,26,39,49,59,153
ラントシュタイナー（カール）…… **46**,**47**
量子（りょうし）…… 34-36,38,39,42,43,80,81,88,89,153
ルスカ（エルンスト）…… **62**,**63**
レ・ドゥク・ト …… **77**
レントゲン（ヴィルヘルム）…… **12**,**13**,14,15,97
ローラー（ハインリッヒ）…… **63**
ローランド（シャーウッド）…… **114**

わ～ん

ワトソン（ジェームズ）…… **72**,**73**,103,152

あ～お

アインシュタイン（アルベルト）…… 5,**36**,**37**,38,39,42,51,55,59,80,81
アイントホーフェン（ウィレム）…… **41**
アウン・サン・スー・チー…… 93,**106**,**107**
赤﨑 勇…… **142**,**143**,149
天野 浩…… **142**,**143**,149
遺伝子…… 47,72,73,102,103,140,141,152
エールリヒ（パウル）…… **22**,**23**,56
エイクマン（クリスティアーン）…… **45**
江崎 玲於奈…… **88**,**89**
欧州連合（EU）…… **137**
大江 健三郎…… 65,**110**,**111**,112
大村 智…… **146**,**147**,148,153
オシエツキー（カール・フォン）…… **51**
オバマ（バラク）…… 79,80,**137**

か～こ

ガードン（ジョン）…… **140**
梶田 隆章…… 127,**144**,**145**,148,149,153
カミュ（アルベール）…… **68**,**69**
ガルシア＝マルケス（ガブリエル）65,**100**,**101**
川端 康成…… **82**,**83**
キュリー（ピエール）…… **14**,**15**,28,29
キュリー(マリー) 5,**14**,**15**,**28**,**29**,30,48,49,153
キルビー（ジャック）…… **120**,**121**
キング・ジュニア（マーティン・ルーサー）… **78**,**79**
グラショウ（シェルドン）…… **133**
クリック（フランシス）…… **72**,**73**,152
クルッツェン（パウル）…… **114**
ゲルマン（マレー）…… **84**,**85**
コーマック（アラン）…… **96**,**97**
抗体…… 21,23,57,102,103
国際連合（国連）…… **70**,**71**,107,108
小柴 昌俊…… **126**,**127**,148
国境なき医師団…… **115**
コッホ（ロベルト）…… **20**,**21**,32
小林 誠…… **132**,**133**,149
ゴルバチョフ（ミハイル）…… **93**

さ～そ

佐藤 栄作…… **90**,**91**
サハロフ（アンドレイ）…… **92**,**93**,94
サミュエルソン（ポール）…… **87**
サルトル（ジャン＝ポール）…… 69,**76**,**77**
サンガー（フレデリック）…… **73**,153
下村 脩…… **134**,**135**,149
シュヴァイツァー（アルベルト）…… **60**,**61**
シュレディンガー（エルヴィン）…… 35,**43**
ショックレー（ウィリアム）…… **66**,**67**,121
ジョリオ＝キュリー（イレーヌ）…… **48**,**49**
ジョリオ＝キュリー（フレデリック）…… **48**,**49**
白川 英樹…… **122**,**123**,148
鈴木 章…… **138**,**139**
スタンリー（ウェンデル）…… **57**
ズットナー（ベルタ・フォン）…… **18**,**19**
赤十字（赤十字国際委員会）…… 18,**33**,115
ゼルニケ（フリッツ）…… **62**
セン（アマルティア）…… **112**,**113**
セント＝ジェルジ（アルベルト）…… **45**
素粒子…… 59,81,85,93,127,130-133,144,145,151,152

た～と

第一次世界大戦…… 32,33,51,53,65
第二次世界大戦…… 37,52-56,64,69-71,77,90,93,109
タイラー（マックス）…… **57**
タゴール（ラビンドラナート）… **30**,**31**,113,153
田中 耕一…… **128**,**129**,148
ダライ・ラマ14世…… **104**,**105**
チエン（ロジャー・Y）…… **135**

文
清末　浩平
ユニバーサル・パブリシング株式会社）

カバーイラスト
まつやま登

イラスト
絶牙
カネダ工房
まつやま登
小川　浩司
嶋津　蓮
高間ひろみ
阪口ナオミ
メソポ田宮文明
水島　みき
岩崎こたろう
ながさわとろ、長澤　久
ユニバーサル・パブリシング株式会社）

ノーベル賞まんが
沢音　千尋
絶牙

4コマまんが
絶牙

装幀・本文レイアウト
山野紗也加
ユニバーサル・パブリシング株式会社）

校正
株式会社ヴェリタ

編集
来田　義秀
（株式会社世界文化クリエイティブ）

企画編集
ユニバーサル・
パブリシング株式会社

◆参考資料
ノーベル財団公式ウェブサイト
シリーズ『ノーベル賞の大研究』（文研出版）、『知っていそうで知らないノーベル賞の話』（平凡社新書）、『ノーベル賞がわかる事典』（PHP 研究所）、『ノーベル賞受賞者業績事典』（日外アソシエーツ）、『ノーベル賞の 100 年』（中公新書）、『ノーベル賞の事典』（東京堂出版）、『ノーベル賞の大常識』（ポプラ社）、シリーズ『ノーベル賞の人びと』（大日本図書）、シリーズ『子どもの伝記全集』（ポプラ社）、シリーズ『この人を見よ！　歴史をつくった人びと伝』（ポプラ社）、シリーズ『さ・え・ら伝記ライブラリー』（さ・え・ら書房）、シリーズ『世界を変えた科学者』（岩波書店）、シリーズ『伝記　世界を変えた人々』（偕成社）、『Newton 別冊　ノーベル賞 110 年の全記録』（ニュートンプレス）、『Newton 別冊　ノーベル賞から見る現代物理学の系統』（ニュートンプレス）、『Newton 別冊　生命の万能素材』（ニュートンプレス）、『Newton 別冊　素粒子とは何か』（ニュートンプレス）、『Newton 別冊　よくわかる決定版量子論』（ニュートンプレス）、『アウン・サン・スー・チー　囚われの孔雀』（講談社）、『アフリカのシュバイツァー』（童心社）、『いっしょに考えてみようや』（朝日選書）、『宇宙と素粒子のなりたち』（京都大学学術出版会）、『オンリーワンに生きる』（中央公論新社）、『ガリマール新評伝シリーズ　世界の傑物6　カミュ』（祥伝社）、『クラゲの光に魅せられて』（朝日選書）、『限界への挑戦』（日本経済新聞出版社）、『サハロフ回想録（上・下）』（読売新聞社）、『生涯最高の失敗』（朝日選書）、『ジョリオ・キュリー伝』（理論社）、『人生は意図を超えて』（朝日選書）、『鈴木章　ノーベル化学賞への道』（北海道大学出版会）、『世界一簡単な LED のきほん』（誠文堂新光社）、『世界平和への冒険旅行』（新評論）、『世界を変えた化学反応』（北海道新聞社）、『相対性理論から 100 年でわかったこと』（PHP サイエンス・ワールド新書）、『相対性理論のすべてがわかる本』（学研プラス）、『誰が本当の発明者か』（講談社ブルーバックス）、『トップクォーク最前線』（NHK ブックス）、『ネルソン・マンデラ』（佑学社）、『ノーベル経済学賞の 40 年（上・下）』（筑摩選書）、『光るクラゲがノーベル賞をとった理由』（日本評論社）、『光る生物の話』（朝日選書）、『山中伸弥先生に、人生と iPS 細胞について聞いてみた』（講談社）、『やれば、できる』（新潮社）、『夢を持ち続けよう！』（共同通信社）、『ようこそニュートリノ天体物理学へ』（海鳴社）、『よくわかる DNA と分子生物学』（日本実業出版社）、『量子論のすべてがわかる本』（学研パブリッシング）、『私の歩んだ道』（朝日選書）
その他、多数の科学書・歴史関係書・文学作品などを参考にさせていただきました。

◆写真提供・所蔵・協力一覧
ノーベル財団
東京大学宇宙線研究所　神岡宇宙素粒子研究施設
BlueWind
道の駅スカイドーム・神岡
イラスト AC
写真 AC
Wikimedia Commons

※内容に関するお問い合わせは、世界文化クリエイティブ●電話 03（3262）6810 までお願いします。

こどもノーベル賞新聞

発行日　2016 年 10 月 20 日　初版第 1 刷発行

監　修◉若林文高

発行者◉髙林祐志
発　行◉株式会社世界文化社
〒 102-8187
東京都千代田区九段北 4-2-29
電話 03（3262）5115（販売部）
印刷・製本◉図書印刷株式会社

ISBN 978-4-418-16827-9

日本人ノーベル賞受賞者一覧

＊2016年9月現在
＊出身は出生地を記載
＊受賞時に、他国の国籍になっていた受賞者も掲載

文 川端 康成【1899~1972】
大阪府出身。1968年度ノーベル文学賞受賞。
➡ 82ページ

物 朝永 振一郎【1906~1979】
東京都出身。1965年度ノーベル物理学賞受賞。
➡ 80ページ

物 湯川 秀樹【1907~1981】
東京都出身。1949年度ノーベル物理学賞受賞。
➡ 58ページ

化 福井 謙一【1918~1998】
奈良県出身。1981年度ノーベル化学賞受賞。
➡ 98ページ

平 佐藤 栄作【1901~1975】
山口県出身。1974年度ノーベル平和賞受賞。
➡ 90ページ

物 江崎 玲於奈【1925~　】
大阪府出身。1973年度ノーベル物理学賞受賞。
➡ 88ページ

化 野依 良治【1938~　】
兵庫県出身。2001年度ノーベル化学賞受賞。
➡ 124ページ

化 白川 英樹【1936~　】
東京都出身。2000年度ノーベル化学賞受賞。
➡ 122ページ

文 大江 健三郎【1935~　】
愛媛県出身。1994年度ノーベル文学賞受賞。
➡ 110ページ

生医 利根川 進【1939~　】
愛知県出身。1987年度ノーベル生理学・医学賞受賞。
➡ 102ページ

化 田中 耕一【1959~　】
富山県出身。2002年度ノーベル化学賞受賞。
➡ 128ページ

物 小柴 昌俊【1926~　】
愛知県出身。2002年度ノーベル物理学賞受賞。
➡ 126ページ